Dirk Schütz

Der Fall der UBS

1998 Weltwoche-ABC-Verlag, Zürich
3. Auflage 1998
© WM Wirtschafts-Medien AG, BILANZ, Zürich
Alle Rechte vorbehalten
Projektleitung & Realisation: additiv AG, Wettingen
Litho, Druck: Basler Zeitung
ISBN 3-85504-174-1

Dirk Schütz

Der Fall der UBS
Warum die Schweizerische Bankgesellschaft unterging

Weltwoche-ABC-Verlag

Inhalt

Erster Teil:
Das Schicksalsjahr 1997 – wie die Bankgesellschaft zur Fusion griff

1. Brüssel
   Wie die zwei sehr verschiedenen Bankenchefs
   Marcel Ospel und Mathis Cabiallavetta
   fern von der Heimat die Fusion beschlossen. 12

2. Das zweite Nein
   Wie sich der Bankverein zur Aufnahme der
   Verhandlungen entschied und die Bankgesellschaft
   sich zunächst zierte. 22

3. Und es war Sommer
   Wie die Bankgesellschaft einen Sommer lang
   nach Auswegen suchte. 47

4. Mathis sagt Goodbye
   Wie sich Cabiallavetta an einen Starhändler
   namens Ramy Goldstein band und es mit
   der Kontrolle nicht sehr genau nahm. 61

5. Die Goldmine versiegt
   Wie die wichtigste Derivate-Abteilung
   zusammenbrach und welche Verantwortung
   die Konzernleitung dafür trug. 95

6. Der bittere 8. Dezember
   Wie das Derivate-Debakel die Fusion beeinflusste
   und die Bankgesellschaft alle Bedingungen
   des Bankvereins akzeptierte. 118

Zweiter Teil:
10 Jahre Niedergang nach 125 Jahren Aufstieg – warum der Bankgesellschaft nur noch die Fusion blieb

7. Der Weg nach oben
   Wie die Bankgesellschaft zur grössten Bank der
   Schweiz wurde und dabei eine Rivalität zwischen
   zwei aufstrebenden Nachwuchskräften
   namens Nikolaus Senn und Rainer E. Gut entstand. 142

8. Ein ungleiches Paar
   Wie der langjährige Chef Robert Holzach die Bank
   beherrschte und sie dann trotzdem den ungeliebten
   Männern aus der Finanzabteilung überlassen musste. 159

9. Ein lustiger Herrenclub
   Wie sich der Verwaltungsratspräsident Senn
   vor allem ums Golfspielen kümmerte und sein
   Konzernchef Robert Studer aus verletztem
   Stolz eine strategische Kehrtwende vornahm. 175

10. Ein Messer für die Matrix
    Wie Studer der Bank eine verheerende
    Organisationsform verordnete und wie seine
    beiden Ziehsöhne Mathis Cabiallavetta und
    Stephan Haeringer dagegen vorgingen. 192

11. Der Mann mit der Fliege
    Wie sich Studer in Macho-Kämpfen mit seinem
    Erzfeind Martin Ebner aufrieb und schliesslich
    auf ganzer Ebene kapitulieren musste. 218

12. Der Griff zum Messer
    Wie Cabiallavetta die Krise durch sein
    Seilschaft-Denken verstärkte. 236

Die Schweizerische Bankgesellschaft –
eine Bank zwischen zwei Fusionen (Zeittafel) 248

Bildteil 253

Personenregister 265

Vorwort

Für einige Wochen war sie sogar die grösste Bank der Welt. Bis Anfang April 1998 der Zusammenschluss der amerikanischen Finanzunternehmen Citibank und der Travelers Group die Finanzwelt von neuem durcheinanderwirbelte, hatte sich die neue UBS, obwohl noch ohne offizielle Fusions-Genehmigung, weltweit an die erste Stelle gesetzt. Doch trotz der weitergehenden Konsolidierung bleibt die neue Bank aus dem kleinen Alpenstaat eine Bank der absoluten Superlative. Sie wird unangefochten der grösste Vermögensverwalter der Welt sein. Sie wird die führende europäische Bank im Investmentbanking und damit der wichtigste Anbieter in der europäischen Finanzmetropole London sein. Sie wird mehr als 50 000 Mitarbeiter beschäftigen. Und sie wird im Jahr 2002 nach eigenen Schätzungen einen fast unglaublichen Gewinn von elf Milliarden Franken ausweisen. Als der Holländer Wim Duisenberg, designierter Präsident der Europäischen Zentralbank, die beiden Baumeister der Fusion, Marcel Ospel und Mathis Cabiallavetta, Ende März 1998 mit dem Preis der «European Banker of the Year 1997» auszeichnete, blieb auch ihm nur ein Superlativ: Der Zusammenschluss von Schweizerischer Bankgesellschaft (UBS) und Schweizerischem Bankverein (SBC) sei «die wichtigste Fusion der Bankengeschichte».

Doch als dieser Zusammenschluss am 8. Dezember 1997 verkündet wurde, rieben sich Kenner der Schweizer Finanzszene die Augen. Denn die Geschichte der Fusion ist vor allem die Geschichte des Niedergangs der bis dahin grössten und stolzesten Bank des Landes, der Schweizerischen Bankgesellschaft UBS. Noch vor wenigen Jahren wäre eine solche Entwicklung undenkbar gewesen. Die Bankgesellschaft war der unverrückbare Fels der Schweizer Wirtschaft. Wie konnte es zu diesem Niedergang kommen?

Während vier Monaten hat der Autor dieses Buches in zahlreichen Gesprächen mit ehemaligen und aktuellen Mitarbeitern der besagten Bank eine Verbitterung erlebt, wie sie bisher wohl noch nie in einem Grossunternehmen der Schweiz zu spüren war. Die UBS-Mitarbeiter fühlten sich verkauft, und viele von ihnen waren bereit, gegen Zusicherung von Anonymität ihre Version der Geschichte zu erzählen. Ein deutliches Signal für eine tiefgehende Demoralisierung bei der UBS, bislang immer die abgeschottetste der drei Schweizer Grossbanken. Eine Demoralisierung, die die 28 000 Mitarbeiter rund um den Globus erfasst hatte, am Hauptsitz in Zürich genauso wie an den beiden wichtigsten Auslandsstandorten London und New York. Insgesamt haben sich mehr als 30 frühere oder aktuelle Top-Manager der Bank, darunter ein knappes Dutzend Generaldirektoren aus den letzten 20 Jahren, zu Gesprächen bereit erklärt. Auch Robert Studer, letzter Verwaltungsratspräsident der alten UBS, und Mathis Cabiallavetta, bisheriger Konzernchef und Verwaltungsratspräsident der neuen UBS, standen Anfang April jeweils für ein eineinhalbstündiges Gespräch zur Verfügung.

Der Niedergang verlief in zwei Phasen. Über die Gewichtung dieser beiden Phasen waren sich die Befragten jedoch nicht einig. Wer die heissen Monate des Jahres 1997 miterlebt hatte, sah Cabiallavetta als die Schlüsselfigur. Wer die Ära Studer, die Zeit zwischen 1988 und 1996, mitverfolgt hatte, führte die Hauptursachen eher auf diese Zeit zurück. Deswegen die Zweiteilung des Buches: Der erste Teil befasst sich ausführlich mit dem Fusionsjahr 1997, der zweite Teil beleuchtet die Weichenstellungen der Vergangenheit. Soviel steht zumindest fest: Auch in den grossen Unternehmen mit ihren Prunkfassaden und glänzenden Geschäftsberichten sind es mehr die Egos der Chefs und weniger ihre strategischen Einsichten, die zu den grossen Entscheidungen führen. Das ist – trotz allen Wandels – eine Konstante.

Zürich, im Mai 1998

Erster Teil:
Das Schicksalsjahr 1997 – wie die Bankgesellschaft zur Fusion griff

1. Brüssel
Wie die zwei sehr verschiedenen Bankenchefs Marcel Ospel und Mathis Cabiallavetta fern von der Heimat die Fusion beschlossen.

Es war ein hochkarätiger Club, der sich an diesem 16. Oktober 1997 im Hotel Hilton in Brüssel eingefunden hatte. Mehr als 30 Bankenchefs waren in die belgische Hauptstadt gekommen. Geladen hatte das «Institut International d'Etudes Bancaires», eine verschwiegene Organisation mit Sitz in Brüssel, die nicht einmal einen Eintrag im Telefonbuch hat. Alle sechs Monate kam die Elite der europäischen Bankiers so zusammen, immer in einer anderen Stadt. Und immer sehr diskret, wie es sich für die Männer in den dunklen Anzügen gehörte. Die Presse erfuhr nichts von den Treffen.

Rolf-Ernst Breuer war da, der frisch erkorene Chef der mächtigen Deutschen Bank, ebenso sein Landsmann Martin Kohlhaussen, der mit seiner Commerzbank wieder einmal in Übernahmegerüchten steckte. André Levy-Lang von der französischen Grossbank Paribas war gekommen, auch Andrew Buxton von der englischen Barclays zeigte Präsenz. Auch zwei Schweizer Bankiers hatten sich nach Brüssel aufgemacht, und sie zählten zu den Jüngsten in der Garde der gesetzten Herren: Marcel Ospel, 47, Chef des Schweizerischen Bankvereins, und Mathis Cabiallavetta, 52, Chef der Schweizerischen Bankgesellschaft, die sich seit kurzem UBS nannte. Mit dem, was sie an diesem Donnerstag beschlossen, versetzten sie ihren Kollegen einen Schock, von dem diese sich auch Monate später nicht erholt haben sollten.

Die beiden kannten sich gut – sie bezeichneten sich als Freunde, was allerdings manch wenig sentimentalen Bankier in London oder New York zu einem spöttischen Lächeln animierte. Sie hatten vieles gemeinsam. Beide kamen sie aus einfachen Verhältnissen. Ospel, der seinen Vater früh verloren hatte, war in dem Basler Arbeiterviertel Kleinbasel zwischen Hafen und chemischer Industrie aufgewachsen. Cabiallavetta stammte aus dem Dörfchen Brigels in dem Schweizer Bergkanton Graubünden, wo sein Vater als Angestellter in der Reparaturwerkstatt der Rhätischen Bahn arbeitete, einer lokalen Eisenbahngesellschaft. Beide verfügten über keine klassische akademische Ausbildung. Ospel hatte nach Banklehre und einigen Praktika die Höhere Wirtschafts- und Verwaltungsschule (HWV) in Basel absolviert. Cabiallavetta hatte die Kantonsschule in Chur mit dem Handelsdiplom verlassen, welches ihn nicht zu einem Studium an einer Schweizer Universität berechtigte, und so ging er als Zwanzigjähriger mit zwei Freunden nach Kanada und erlangte in Montreal ein «Bachelor Degree of Commerce».

Ihre Karriere war in rasantem Tempo verlaufen, zumindest für Schweizer Verhältnisse. Mit 40 Jahren waren sie stellvertretende Generaldirektoren, mit 42 Jahren Generaldirektoren, immer als die jüngsten ihrer Bank. Fast zeitgleich hatten sie es an die Spitze geschafft: Caballavetta trat den Posten am 1. März 1996 an, Ospel zwei Monate später. Auch ihre Vorliebe für die grosse Finanzwelt verband sie. Beide hatten das Auslandsgeschäft ihrer Banken aufgebaut und fühlten sich ihren Händlern in New York oder London näher als den soliden Bankiers in ihrer Heimat. «Meine grössten Impulse bekomme ich aus den USA», pflegte Cabiallavetta zu sagen. Robert Studer, Cabiallavettas Vorgänger, galt in der Schweiz nur als «der Röbi». Ospel hingegen sprach manchmal, ganz amerikanisch, von Bob Studer.

Doch trotz aller äusserlichen Parallelen waren die Charaktere der beiden Männer sehr unterschiedlich, und das sollte für die Geschichte von zentraler Bedeutung sein. Cabiallavetta, immer sehr herzlich, überzeugte vor allem durch seine Dynamik. Wenn es darum ging, zehn Leute im Raum mit verschiedenen Meinungen auf eine Meinung einzuschwören, war er unschlagbar. Er hatte einfach ein höheres Energieniveau als die meisten Menschen, und davon liessen sich diese beeindrucken. Durchsetzungsstark, entscheidungsfreudig, kritikfähig – das waren die Attribute, die man ihm zuschrieb. Dass er ein Rückenleiden hatte – Diskushernie, ein Bandscheibenleiden – und jeden Tag eine Viertelstunde turnen musste, tat diesem Eindruck keinen Abbruch. Nur die wenigsten wussten davon.

Cabiallavetta wirkte wie ein junger Lausbub, der die reservierten Bankiers von der Bahnhofstrasse aus ihrem Schlaf riss. «Mit seiner Energie kann er ganz New York erleuchten», sagte sein loyaler US-Chef Richard Capone einmal über ihn. Doch natürlich hatte das auch seine Schattenseiten. «Ich weiss, dass ich zu schnell rede», gab er schon mal lächelnd zu und antwortete dann, bevor sein Gegenüber überhaupt eine Frage gestellt hatte. «He speaks faster than he thinks», urteilte ein amerikanischer Top-Bankier, der ihn auf einer Podiumsveranstaltung erlebte. «Du musst lernen, dass nicht immer Serienfeuer ans Ziel führt. Manchmal ist Einzelfeuer besser», wurde ihm schon in jungen Jahren in der internen Fortbildung mit auf den Weg gegeben, oder: «Dir fehlt eine Phase kühler Bewertung.»

Durch diese Dynamik, seinen grössten Trumpf, und durch seinen Karriereweg galt er schnell als amerikanisierter Banker. Doch dieser Eindruck trügte, das gab er auch selbst zu. «Ich bin schon ein Ur-Schweizer», räumte er manchmal ein. Charakteristisch für den Mann aus den Bergen, in den jungen Jahren im Schweizer Militär Gebirgsgrenadier, war besonders eine Aussage: «Ich würde nie mit jemandem eng zusammenarbeiten, mit dem ich nicht auch Bergsteigen ginge.» Mit anderen Menschen auf Leben und Tod verbunden zu sein, durch ein Seil – diese Vorstellung hatte er auch auf die Arbeitswelt übertragen. Loyalität zu seinen engsten Mitarbeitern ging dem hochemotionalen Mann über alles. Danach, und nicht etwa nach ihrer Fachkompetenz, suchte er viele seiner Mitstreiter aus. Der Begriff «Seilschaft», eigentlich Inbegriff von Filz, hatte für ihn nichts Anrüchiges. Es war ein positiv besetzter Ausdruck.

Ospel war da anders. Zwar zeigte auch er sich sehr heimatverbunden. Die drei Tage der Basler Fastnacht waren ihm heilig, und kein Porträt über ihn kam ohne den Hinweis aus, dass er dort in der Clique der Revoluzzer trommelte. Doch im Geschäftsleben leistete er sich wenig Sentimentalitäten. Natürlich hatte er auch eine Kerntruppe von engen Mitarbeitern. Doch denen war klar, dass sie ihren Job schnell verlieren würden, wenn sie keine Leistung brächten, und dieses Denken gaben sie wiederum an ihre Mitarbeiter weiter. «Meritokratie» hiess das Schlagwort, das er konsequent umsetzte – Aufstieg nur nach Leistung. Alter, Herkunft, Beziehungen hatten für ihn keine Rolle zu spielen. Das war das, was er aus der angelsächsischen Finanzwelt übernommen hatte, und damit hatte er den Bankverein unbestritten zur amerikanisiertesten Bank des Kontinents gemacht.

Als er zum Beispiel 1995 die altehrwürdige englische Investmentbank S.G. Warburg übernahm, blieb den Beobachtern vor allem ein Satz von ihm im Kopf: «Ich will diese Kunden-Franchise.» Nicht etwa den Mitarbeitern von Warburg galt sein Interesse, sondern der Kundenliste. Er war ergebnisorientiert, und dem mussten sich Personalentscheide unterordnen. Das unterschied ihn von Cabiallavetta. Auch verströmte er nicht dessen ungestüme Energie. Er überlegte häufig lange, bevor er auf eine Frage antwortete, machte dann aber präzisere Angaben. Und er trat stets sehr bescheiden auf, was manchen Gesprächspartner zu Überlegenheitsgefühlen animierte.

Dieses Gefühl dürfte auch Cabiallavetta gehabt haben, als sich die beiden Ende der achtziger Jahre kennenlernten. Nicht nur war er fünf Jahre älter. Vor allem war die Kapitalkraft seiner Bank der Ospels klar überlegen. Der erste Kontakt beruhte jedoch kaum allein auf Sympathie. Hier hatten sich zwei ehrgeizige Nachwuchskräfte als die Männer von morgen erkannt. Cabiallavetta zumindest überliess die Annäherung nicht ganz dem Zufall. «Kennst du den Ospel?» soll er Mitarbeiter gefragt haben, die sich gut in Basel auskannten. «Was ist das für ein Typ?» Dass langfristig kaum alle drei Schweizer Grossbanken in der Weltliga mitspielen könnten, war ihm schon damals klar. «Es gibt zu viele Banken in der Welt», vertraute er bereits 1989 dem englischen Finanzmagazin «Euromoney» an. Eine Konsolidierung sei unausweichlich.

Cabiallavetta bemühte sich um den Kontakt zu Ospel, und der sträubte sich nicht. Es konnte schon vorkommen, dass er mit Ospel in Nobelrestaurants wie die Zürcher «Kronenhalle» ging, sonst nicht unbedingt der Stil des Mannes aus den Bergen. Wer Cabiallavetta näher kannte, für den bestand kein Zweifel daran, dass er, der Sohn eines einfachen Eisenbahnangestellten mit dem schwer auszusprechenden Namen, durchaus Gefallen fand an dem Gedanken, als Architekt der grössten Bank Europas in die Geschichte einzugehen. Und das natürlich mit ihm – und nicht etwa Ospel – als treibender Kraft und mächtigstem Mann der neuen Bank. Mancher Mitarbeiter behauptete gar, das sei ein Jugendtraum von ihm gewesen.

Häufiger trafen sich die beiden erfolgreichen Bankiers jedoch im Rahmen der Schweizer Börse, an der sie beide ihre Bank vertraten. Schnell waren sie per du. Seit 1992 standen sie in regelmässigem Kontakt. Wenn der eine etwas über die andere Bank wissen wollte, teilte es ihm der andere mit, vertraulich natürlich. Sie waren sich erster Ansprechpartner der Gegenseite. Als in seiner Abteilung etwa die Jahresergebnisse präsentiert und mit den Zahlen der Konkurrenz verglichen wurden, konnte es schon vorkommen, dass sich Cabiallavetta hinstellte und die Zahlen des Bankvereins etwas genauer erklärte. Er machte kein Geheimnis daraus, dass er mit seinem Duzfreund Marcel konferiert hatte.

Als Ospel 1996 zum zweiten Mal heiratete, lud er auch Cabiallavetta und dessen Frau Silvya, eine Holländerin, ein. Seitdem verstanden sich auch die Frauen. «Irgendwann tun wir uns dann mal zusammen», sagten sich die beiden Bankiers häufig, mal ernster, meist jedoch im Spass. Es gab eine Art Abkommen: Bevor der eine etwas Revolutionäres machte, würde er zunächst mit dem anderen sprechen. Und jetzt, an diesem Herbsttag, in einem Tagungsraum im Brüsseler Hotel Hilton, war es soweit.

Die Bankiers schätzten diese Treffen sehr. In kleinen Arbeitsgruppen setzten sie sich zusammen und berieten über ihre Probleme, losgelöst vom Alltagsdruck. Abends und am zweiten Tag folgte der soziale Teil. Eine bessere Kontaktbörse für Bankiers gab es in Europa nicht, und deswegen kamen auch so viele von ihnen. Cabiallavetta war zum dritten Mal dabei, Ospel zum zweiten Mal. Schon manches Geschäft war hier eingefädelt worden. Dass allerdings an diesem Donnerstag Bankengeschichte geschrieben werden sollte, ahnten die europäischen Top-Bankiers nicht.

Erst sieben Wochen später würden sie in den Zeitungen lesen, was die beiden Schweizer hier beschlossen hatten. Panikartig würden sie dann ihr Top-Management zusammenrufen und über die angemessene Reaktion auf das Erdbeben streiten. Einmal mehr würden ihnen die Schweizer gezeigt haben, dass sie etwas Besonderes in Europa waren. Die beiden Männer, die sich in einem schwer verständlichen Dialekt verständigten, spielten eben in einer anderen Liga. Seit fast 200 Jahren schafften die Reichen der Welt ihr Vermögen am liebsten in den sicheren Alpenstaat mit seinen gerade mal sieben Millionen Einwohnern, und Zyniker bezeichneten deshalb schon das Schweizer Nummernkonto als wichtigsten Beitrag des Landes zur

Zivilisation. Der unvorstellbare Betrag von 3000 Milliarden Franken an ausländischen Geldern lagerte 1997 auf den Schweizer Konten. Das entsprach mehr als einem Drittel der Gelder, die rund um den Globus ausser Landes geschafft wurden, das war weltweit unerreicht. Die Einnahmen aus diesem Geschäft erlaubten den drei Schweizer Grossbanken eine internationale Expansion, von der die anderen europäischen Banken nur träumen konnten. Und jetzt würden sie ein weiteres Mal das Tempo verschärfen.

Denn Cabiallavetta war nicht nach Brüssel gekommen, um über die Vorteile des Schweizer Bankgeheimnisses zu referieren. Er hatte sich zu einem Schritt durchgerungen, dessen Folgen für viele seiner Mitarbeiter brutal sein würden, das wusste er. Gleich am ersten Tag nahm er Ospel zur Seite. «Komm, jetzt machen wir es», waren die ersten Worte. In diesem Moment fanden 135 Jahre Schweizerische Bankgesellschaft und 125 Jahre Schweizerischer Bankverein ihr Ende. Denn Ospel wusste sofort, was «es» war, und unerwartet kam es für ihn nicht. Schon einmal hatten sie zwischen Mai und Juni über eine Fusion verhandelt. Damals hatte Cabiallavetta die Verhandlungen abgebrochen. «Der Schaden für die UBS wäre zu gross», sagte er seinen Vertrauten. Jetzt, knapp vier Monate später, kam er zurück.

Was war passiert? Warum rettete sich die grösste und edelste der Schweizer Banken an jenem Herbsttag des

Jahres 1997 in die Arme des deutlich kleineren Rivalen? Und weshalb griff Cabiallavetta jetzt zu, wo der Schaden für seine Bank deutlich grösser war als vor vier Monaten? Damals wäre noch eher ein Zusammenschluss gleicher Partner möglich gewesen. Jetzt konnte davon kaum noch die Rede sein. «Es wird als eine Fusion verkauft, doch in Wirklichkeit übernimmt der kleinere Bankverein die UBS», schrieb der «Economist», renommierteste Stimme der weltweiten Wirtschaftspresse, nach der Bekanntgabe ganz nüchtern auf der Meldungsseite.

Von Cabiallavettas Jugendtraum, sollte er ihn denn gehabt haben, war nur eine Hälfte wahr geworden. Er selbst konnte sich den Präsidentenposten der neuen Bank sichern und als Architekt der Megafusion feiern lassen. Mit leuchtenden Augen sollte er später davon erzählen, wie ihn Bankiers im Ausland für seinen Wagemut gelobt hätten. Doch dass seine Bank die Führung übernehmen würde, wie er es sich vielleicht einmal erträumt hatte, davon konnte keine Rede mehr sein. Zahlreichen Mitarbeitern war selbst das Wort von der Übernahme noch zu schwach. «Totalausverkauf» nannten sie es. Für viele altgediente Führungskräfte war der Schritt ein Schock, von dem sie sich auch Monate später nicht erholt hatten. Wie konnte es so weit kommen?

2. Das zweite Nein

Wie sich der Bankverein zur Aufnahme der
Verhandlungen entschied und die Bankgesellschaft
sich zunächst zierte.

Im Januar 1997 hatte sich die achtköpfige Konzernleitung des Bankvereins zu ihrer Strategiesitzung zusammengefunden, wie zu Beginn jeden Jahres. Da sassen neben dem Konzernchef Ospel der Holländer Hans de Gier, ein Gefährte Ospels aus den Tagen des internationalen Aufbaus und jetzt Chef von SBC Warburg, der Investmentbank des Bankvereins. Peter Wuffli, der 39jährige Finanzchef, der 1993 nach drei Jahren bei der Unternehmensberatung McKinsey dazugestossen war und in der Schweiz die Verjüngung und die Öffnung des Bankvereins nach aussen symbolisierte. Gary Brinson, der Professor aus Chicago, dessen Asset Management – institutionelle Vermögensverwaltung – der Bankverein 1994 gekauft hatte und der als einer der besten Vermögensverwalter der Welt galt. Das waren die Schlüssel-Personen in Ospels Truppe. Dazu kamen der Private-Banking-Chef Ernst Balsiger, der Schweiz-Chef Franz Menotti, der Chief Risk Officer Alberto Togni und Ospels Stellvertreter Georges Streichenberg. Sie alle hatten in den letzten Jahren eine Aufholjagd hinter sich, wie sie die europäische Bankenwelt bis dahin nicht gesehen hatte.

Als Ospel Ende der achtziger Jahre das Auslandsgeschäft übernahm, wurde der Bankverein nur als Pannenverein bespottet. Zwar hatten alle Schweizer Banken Ende der achtziger Jahre viel zu grosszügig Kredite vergeben, was zur grössten Immobilienkrise Europas und Verlusten von mehr als 40 Milliarden Franken führen sollte. Doch die volle Tragweite wurde erst Mitte der neunziger Jahre bekannt. Der Bankverein jedoch fiel schon früher durch negative Schlagzeilen auf. Er war einer der grössten Gläubiger des Spekulanten Werner K. Rey, dessen Omni-Holding 1991 zusammenbrach. Zudem hatte er sich als einzige der drei Grossbanken auch im Ausland grobe Schnitzer geleistet. Bei der Pleite des deutschen Detailhandelsunternehmens CO op musste er einen Verlust von mehr als 300 Millionen Franken hinnehmen, der Untergang des Imperiums des Medienzaren Robert Maxwell kostete mehr als 200 Millionen, bei dem New Yorker Warenhaus Macys musste die Bank mehr als 100 Millionen abschreiben.

Zudem hatte die Bank innerhalb von vier Jahren dreimal ihre Organisationsform gewechselt, was selbst bei wohlgesonnenen Beobachtern nur noch Verwirrung auslöste. Soviel war klar: Die alte Führungsgarde hatte im Auslandsgeschäft, das bis dahin vor allem Kreditgeschäft war, jegliche Glaubwürdigkeit verspielt. Jetzt musste eine neue Truppe das Auslandsgeschäft auf eine neue Basis stellen. Das sollte weitreichende Konsequenzen haben.

Chef des Kommerzbereiches war lange Jahre Georges Blum, ein Jurist aus Lausanne, der 1961 zum Bankverein gekommen war und 1993 zum Präsidenten der Konzernleitung aufsteigen sollte. Jeden der Kredite, inklusive der faulen, hatte er mit abgesegnet.

Ospel bekam das Mandat, eine neue Auslandsstrategie auszuarbeiten. In gewisser Weise war das Debakel der Vorgängergeneration für ihn ein Glücksfall. Zwei faszinierende Jahre hatte er am Aufbau der US-Investmentbank Merrill Lynch zur weltweit führenden Adresse im internationalen Kapitalmarktgeschäft mitgearbeitet, bevor ihn der damalige Generaldirektor Streichenberg 1987 zum Bankverein zurückgeholt hatte. Das hatte ihn entscheidend geprägt. Jetzt konnte er seiner Bank als erster der drei Schweizer Grossbanken – und als erster in Europa – eine Struktur für die neue Finanzwelt geben. Denn die hatte nichts mehr mit der zu tun, in der seine Vorgänger aufgewachsen waren. Die Fortschritte in der Informationstechnologie revolutionierten das Geschäft, die politischen Barrieren waren zusammengebrochen. Später würde man das Globalisierung nennen.

Für eine Bank mit globalen Ambitionen brauchte es jetzt global geführte Geschäftseinheiten und eine einheitliche Kultur. Gerade die Kulturfrage sollte sich als entscheidend herausstellen, und hier war Ospels Wahl eindeutig: Er wollte auch für das Auslandsgeschäft seiner Bank die Kultur, die die internationalen Kapitalmärkte immer stärker beherrschte – die amerikanische. Das war eben der Unterschied zu den beiden grossen Rivalen, bei denen die Vorgänger-Generation noch die Macht hatte: Die Bankgesellschaft unter Robert Studer versuchte, mit ihrer Schweizer Kultur die Weltmärkte zu erobern. CS-Chef Rainer E. Gut, der sich mit der First Boston als einziger Europäer eine führende Investmentbank an der Wall Street gesichert hatte, setzte auf die Trennung von angelsächsischer und schweizerischer Kultur. «Lasset tausend Blumen blühen», war sein vielzitiertes Motto, hinter dem noch immer ein ausgeprägtes Regionendenken stand. Ospel dagegen sträubte sich nicht gegen die Amerikaner, er trennte sie auch nicht von den Schweizern. Er drängte sie seiner Bank auf. Das sollte sein entscheidender Vorteil sein.

In der Generaldirektion des Bankvereins liess man den jungen Mann gewähren. Den gesetzten Herren war schnell klar, dass der angelsächsisch geprägte und hochmotivierte Aufsteiger der kommende Mann war. «Das war seit seinem ersten Tag in der Generaldirektion unbestritten», sagte ein Generaldirektor später. Natürlich wusste Ospel, dass er eine riesige Chance hatte. Doch er wusste auch, dass er sie nutzen musste. Schnellschüsse oder einsame Entscheide waren nicht gefragt. Er setzte sich zusammen mit de Gier, der 1980 von der Orion Bank in London zum Bankverein gekommen war, und Markus Granziol, seinem Aktienchef, einem promovierten Ökonomen, der vor seiner Zeit beim Bankverein Dozent an der Universität Zürich gewesen war.

So entstand eine Strategie, von der Ospel in Ausnahmefällen kurzzeitig abweichen würde, zu der er jedoch immer wieder zurückkam: Ausstieg aus dem ausländischen Kreditgeschäft, das sehr viele Eigenmittel band (die anderen beiden Banken sollten zu dem gleichen Schluss kommen, allerdings erst fünf Jahre später); Einstieg in die zwei wichtigsten internationalen Gebiete: Investmentbanking, das glamouröse Handels- und Beratungsgeschäft für die Grossunternehmen dieser Welt, und Asset Management, das Verwalten und Mehren der Gelder institutioneller Anleger. Zudem: Das Wachstum sollte über Akquisitionen erfolgen. Das globale Tempo hatte sich derart beschleunigt, dass Eigenaufbau einfach zu lange dauerte.

Es folgten drei Akquisitionen, und jede von ihnen war ein Erfolg und ergänzte die vorhergehende. Wohl selten wurde im internationalen Bankgeschäft eine Strategie so konsequent umgesetzt. Natürlich hatte Ospel auch das Glück, im richtigen Moment den richtigen Partner zu finden. Es begann 1991 mit der Übernahme von O'Connor, einem Derivatehaus aus Chicago, das damals weltweit führend war auf diesem neuen Gebiet und auch technologisch der Konkurrenz voraus war. Doch es war nicht nur der Sprung in die neue Produkte- und Technologiegeneration, den Ospel suchte. Die jungen O'Connor-Leute, mit erstklassigen Universitätsabschlüssen und radikal leistungsorientiert, waren für Ospel das Instrument für den amerikanischen Kulturschock.

Ospel übergab ihnen weitgehend das internationale Geschäft. «70 Prozent der Kultur von O'Connor, 30 Prozent vom Bankverein», lautete der prägende Satz. Dieser Wandel zu Beginn der neunziger Jahre war der entscheidende Grundstein für den Erfolg, der schliesslich in der weitgehenden Management-Übernahme der UBS enden sollte. Die intellektuelle Kraft hatte er gekauft, jetzt brauchte er noch die Kunden für seine beiden neuen Geschäftsfelder. Im September 1994 kam der Kauf von Brinson, eines der höchstangesehenen Vermögensverwalter in den USA, im März 1995 der Kauf von S.G. Warburg, der englischen Investmentbank. Ospels Strategie, Ende der achtziger Jahre festgelegt, war aufgegangen.

Bis dahin hatte er sich jedoch nur um den Aufbau des Auslandsgeschäfts gekümmert und deshalb die letzten Jahre vorwiegend in New York und London verbracht. Das Schweizer Geschäft, noch immer das wichtigste Standbein des Bankvereins, war von seinem Reformdrang noch unberührt geblieben. Das änderte sich schlagartig, nachdem er im Mai 1996 den Chefposten in Basel übernommen hatte. Im Prinzip verteilte er jetzt den Block Schweiz auf seine internationalen Einheiten, und das war ein Vorbild für das, was später auch der UBS passieren sollte: Das Schweizer Kapitalmarktgeschäft wurde vollständig an die Londoner Investmentbanking-Tochter SBC

Warburg übertragen, das Fondsgeschäft ging an Brinson, das Private Banking wurde in eine eigenständige Einheit umbenannt.

Es entstand die globale Vier-Sparten-Organisation, wie sie auch die Credit Suisse übernehmen sollte: Investmentbanking, Private Banking, Asset Management und Retail (Kleinkundengeschäft). In der Schweiz blieb nur noch das Retail-Geschäft und eine Sparte Firmen- und Geschäftskunden, die vor allem die notleidenden Kredite betreute. Und in diesem Moment zeigte sich auch, wer der starke Mann des Konzerns war. Denn einen eigenen Schweiz-Chef brauchte es schlicht nicht mehr, und damit war Roland Rasi, früherer CS-Top-Manager und seit 1993 beim Bankverein, praktisch überflüssig. Als Rasi-Förderer war bis dahin immer Georges Blum in Erscheinung getreten, der nach Ospels Amtsantritt das Präsidium des Verwaltungsrates übernommen hatte. Er hatte den unkonventionellen Bankier Rasi eigentlich als Logistik-Chef geholt, ihn dann aber zum Schweiz-Chef gemacht. Jetzt musste er mit ansehen, wie Ospel seinen Schützling verabschiedete.

Doch Blum war viel zu intelligent, um einen Konflikt mit seinem Nachfolger zu provozieren. In den ganzen Jahren des internationalen Aufbaus war Ospel die treibende Kraft, doch Blum, die Fehler der achtziger Jahre vor Augen, hatte ihn immer unterstützt. Denn das war unbestritten: Ohne Ospels Erfolg stand auch er nicht mehr gut da. Die Zürcher «Handelszeitung» kürte ihn zum «Unternehmer des Jahres 1995» und pries ihn «als eigentlichen Baumeister für den Umbau des Bankvereins». Diplomatisch beschrieb ein langjähriger Bankverein-Generaldirektor das Verhältnis zwischen dem wortgewandten Romand und dem amerikanisierten Basler: «Die beiden respektierten sich.» Unbestritten ist jedoch, dass die grossen Restrukturierungen des Schweiz-Geschäfts erst mit Ospels Amtsantritt kamen. Auch markierte Ospel bei seinem Amtsantritt sofort Distanz: Sein Büro wählte er nicht etwa am Aeschenplatz 6, dem Hauptsitz des Bankvereins, wo Blum residierte. Er zog als einziges Konzernleitungsmitglied an die Aeschenvorstadt 1. Von dort aus konnte er frei wirken.

Die entscheidende Altlast seines Vorgängers liess sich jedoch nicht so einfach entsorgen. Die Kreditsünden der Vergangenheit lasteten noch immer auf der Bank. Zwar liess Ospel sofort ein neues Bewertungssystem für die Kreditbewertung ausarbeiten. Der Bankverein stellte zwei Milliarden Franken zurück und setzte so die Konkurrenz unter Druck. Doch das Dilemma blieb bestehen: Die Bank hatte mit nicht zinstragenden Krediten im Wert von mehr als zwölf Milliarden Franken fast das gleiche Volumen an faulen Krediten wie die beiden Konkurrenten, doch das geringste Eigenkapital. Die Rückstellungen dafür lagen Ende 1996, inklusive der Methodenänderung, bei gut acht Milliarden Franken. Das war ein grosses Handicap, denn ein Ende der inländischen Immobilienkrise war noch immer nicht abzusehen.

Zudem war die internationale Expansion nicht billig. Brinson hatte 750 Millionen Dollar gekostet, Warburg 860 Millionen Pfund. Insgesamt waren in den letzten Jahren mehr als drei Milliarden Franken in den Auslandsaufbau geflossen. Das Eigenkapital war von 15,8 Milliarden Ende 1994 auf 13,2 Milliarden Ende 1996 geschmolzen. Weitere Milliardenrückstellungen konnte die Bank kaum verkraften. Die Bankgesellschaft dagegen stand ganz anders da. Mit Eigenmitteln von 22 Milliarden Ende 1996 hatte sie eine volle Kasse. Das geringe Eigenkapital war die Achillesferse des Bankvereins.

Umso klarer wurde dies, als sich Ospel und seine Mitstreiter ihre Expansionspläne vor Augen führten. Sie waren schon weit gekommen. Sie hatten die führende Investmentbank in Europa gebaut, sie hielten einen hochkarätigen Asset Manager in den USA, sie waren die Nummer drei im weltweiten Private Banking. Doch das war noch lange nicht genug. Stillstand, das war bei dem mörderischen Konsolidierungstempo der Finanzindustrie unbestritten, bedeutete Rückschritt. Wenn sie unabhängig bleiben wollten, mussten sie weiter wachsen. Vor allem im Investmentbanking, der Sparte, die Ospel aufgebaut hatte, fehlte noch immer das entscheidende Stück für eine wirklich globale Präsenz – ein Standbein in den USA, dem grössten Kapitalmarkt der Welt.

Seine SBC Warburg lag trotz der Führungsposition in Europa noch deutlich hinter der Credit Suisse zurück. Sie erzielte gerade 60 Prozent der Erträge der Credit Suisse First Boston. Irgendwann würde der Bankverein eine Investmentbank an der Wall Street kaufen müssen, wenn er wirklich in der ersten Liga mitspielen wollte. Und das würde kosten. So rechnete jede der vier Sparten ihre langfristigen Ziele durch. Das Ergebnis fiel deprimierend aus. Es fehlten schlicht die Mittel für die Expansion. Der Bankverein war wie ein Hochleistungsmotor, dem langsam das Benzin ausging. Und wer hatte dieses Benzin? Ospels Freund Mathis, der Mann mit der vollen Kasse. Also beschloss die Konzernleitung an jenem Januartag im Jahre 1997: Wir wollen die Fusion mit der grössten Schweizer Bank.

Das war auch für Ospel neu. Bisher war seine Bank gezielt gewachsen, indem sie sich mit komplementären Partnern zusammengetan hatte. Diesmal dürfte Ospel das Geschäft des neuen Partners nur wenig interessiert haben. Im Investmentbanking bot die UBS deutlich weniger als der Bankverein, und das sollte sie auch zu spüren bekommen. Im Private Banking und in der institutionellen Vermögensverwaltung hatte sie zwar Volumen, doch das hatte der Bankverein auch. Bisher war aus Ospels Übernahmen immer mehr entstanden als die Summe der Einzelteile. Diesmal war von vornherein klar, dass eins und eins kaum mehr als eineinhalb ergeben würde. Doch die volle Kasse der UBS glich diese Nachteile aus. Damit liessen sich die Kredit-Altlasten mit einem Schlag entsorgen. Und vor allem: Der Bankverein bekam die dringend benötigten Mittel für eine spätere Expansion. Die Eigenmittel-Malaise wäre mit einem Schlag gelöst.

Ospel legte das Projekt dem Präsidium dar, das heisst Georges Blum und den beiden Vizepräsidenten Georg Krneta, einem Anwalt aus Bern, und Alex Krauer, dem Verwaltungsratspräsidenten des Pharmamultis Novartis. Blum, der 1995 schon einmal die selbe Idee angeregt hatte, stellte zunächst viele Fragen. Doch schliesslich bekam Ospel das Mandat für formelle Verhandlungen. Er war unbestritten der starke Mann.

So wurde es jetzt zum ersten Mal ernst zwischen Marcel Ospel und Mathis Cabiallavetta. Das Thema lag ja schon länger in der Luft, spätestens aber seit dem April 1996, als die Bankgesellschaft das Fusionsangebot von Rainer E. Gut, dem Verwaltungsratspräsidenten der Credit Suisse, abgewiesen hatte. Doch wie mit Cabiallavetta, so plauderte Ospel zuweilen auch mit Lukas Mühlemann, der Mitte 1996 als CS-Chef nominiert worden war, wenn auch nicht ganz so intensiv. Man traf sich ja häufiger – ob im Rahmen der Schweizer Börse, in der Bankiersvereinigung oder seit 1996 wegen der Holocaust-Problematik. Sie begleitete seit Anfang 1996 die Chefs der drei Schweizer Grossbanken, und es hatte einige Monate starken Drucks von der amerikanischen Ostküste gebraucht, bis sie einsahen, dass sie die Forderungen der jüdischen Kreise nach vollständiger Offenlegung der nachrichtenlosen Konten aus dem Zweiten Weltkrieg nicht als Bagatelle abtun konnten. Am Rande der Treffen blieb immer Zeit für ein informelles Gespräch. Ospel hatte die besten Karten – eine Annäherung von Credit Suisse und Bankgesellschaft war durch die Vorfälle vom Vorjahr praktisch ausgeschlossen.

Dass sich irgendwann einmal zwei der drei zusammentun würden, war klar. Dazu waren der Druck der Technologie einfach zu gross, die Probleme zu identisch und allein die rechtlichen Probleme mit einem ausländischen Partner zu kompliziert. Und wenn ein Zusammengehen kommen sollte, dann gleich vollständig. Denn wenn sich auch gerade der Bankverein nach aussen hin als Bank mit vier Sparten darstellte, so sah die Realität noch immer anders aus. Natürlich liess die Konzernleitung auch prüfen, ob ein Ausgliedern des Retail-Geschäftes, beliebtes Thema in der Presse, möglich sei. Ergebnis: Die Infrastruktur hing noch so eng zusammen, dass ein sauberes Ausgliedern des Retail-Bereiches zwei Jahre gedauert hätte.

Doch Cabiallavetta war zunächst überrascht, dass Ospel es auf einmal ernst meinte. Bislang war er ja meist derjenige gewesen, der die Initiative ergriffen hatte. Ende Februar 1997 war er vor die Presse getreten und hatte die überarbeitete Strategie seiner Bank vorgestellt. An ein

Zusammengehen schien er keinen Gedanken zu verschwenden. Er präsentierte das neue Logo der Bank, «UBS» in leuchtendem Rot, für «Union Bank of Switzerland». Die Bezeichnung «SBG» sollte verschwinden, und damit wollte sich die Bank endgültig als internationale Kraft positionieren. Auch von einer Akquisition war die Rede. Im Asset Management, der institutionellen Vermögensverwaltung, wollte man sich in den USA verstärken. Das dürfte auch der Hauptgrund gewesen sein, warum er zunächst verhalten auf Ospels Werben reagierte. Denn er steckte mitten in Verhandlungen, die seine erste grosse Erfolgsgeschichte als Konzernchef hätten werden sollen.

Bereits seit dem Sommer 1996 hatte Scudder, Stevens & Clark, ein renommierter New Yorker Asset Manager mit verwalteten Vermögen von 115 Milliarden Dollar, nach einem Partner gesucht. Die Gruppe wollte ins Ausland expandieren, dazu brauchte sie finanzielle Unterstützung, und zudem wollten die Partner Geld sehen. Zu diesem Zeitpunkt arbeitete auch ein 42jähriger Schweizer namens Markus Rohrbasser für die UBS in New York. Er war vier Jahre Chef der UBS Nordamerika und Mitglied der erweiterten Konzernleitung gewesen. In einer seiner ersten Amtshandlungen hatte Cabiallavetta ihn im Mai 1996 entmachtet und durch den treuen Richard Capone ersetzt. Rohrbasser und Cabiallavetta verband eine tiefe und langgepflegte Abneigung. Rohrbasser, so die offizielle Lesart, sollte sich um eine Akquisition für das amerikanische Asset Management der UBS kümmern, das vollkommen am Boden lag. In der zweiten Jahreshälfte 1996, noch unter Vertrag bei der UBS, stellte Rohrbasser bereits erste Kontakte zu Scudder her. Doch auf einmal, auf den 1. Januar 1997, wechselte er als Finanzchef zur «Zürich»-Versicherung.

Cabiallavetta und sein Chef fürs Asset Management, Arthur Decurtins, stiegen in das Rennen um Scudder ein. Für Cabiallavetta, bis dahin noch ohne jeglichen Akquisitionserfolg, war es die Nagelprobe, dass er seinen Worten auch Taten folgen lassen konnte. Immerhin hatte er sogar in einer Pressemitteilung angekündigt, dass die Bank auf diesem Gebiet eine Akquisition plane, ein ungewöhnlicher Schritt. Doch es kam zu keiner Einigung. Die Scudder-Leute wollten das Mandat für das globale Fondsgeschäft der UBS, und da zögerte diese. Schliesslich bekam die «Zürich» den Zuschlag. Ihr Chef Rolf Hüppi und sein Unterhändler Rohrbasser, seit längerem ja bereits mit Scudder in Kontakt, gingen auf alle Forderungen ein. Das war Rohrbassers Revanche an Cabiallavetta.

Innerhalb der UBS war das der Beginn des Abstiegs von Decurtins. Er hatte Cabiallavetta von der Notwendigkeit einer Akquisition überzeugt, und jetzt kam es zu keinen Ergebnissen. Zwar drang nur wenig an die Öffentlichkeit davon, dass die Bank um Scudder mitgeboten hatte. Doch je mehr Zeit verstrich, umso mehr stand Cabiallavetta als Meister der Ankündigung da, der keine Ergebnisse lieferte. Da war es wieder, das Klischee vom Hüftschützen. Er betreibe eben Management by Colt – erst schiessen, dann denken, kritisierte manch kühler Bankier. Cabiallavetta selbst versuchte, die Sache herunterzuspielen. Das Scheitern der Verhandlungen mit Scudder «war keine grosse Lawine im Bündnerland», würde er später in typischer Wortwahl vor der Presse sagen. Doch besonders wohlgestimmt ging er kaum in die Verhandlungen mit dem Bankverein.

Der hatte eine glücklichere Hand gehabt. Mitte März hatte Ospel in New York John Birkelund getroffen, den Chairman von Dillon Read, einer kleinen New Yorker Investmentbank, die sich auf Unternehmensfinanzierung – Corporate Finance – spezialisiert hatte. Schon lange war spekuliert worden, dass der Bankverein in den USA etwas kaufen würde, doch offizielle Ankündigungen waren Ospels Sache nicht. Am 15. Mai ging die Akquisition über die Bühne. Der Bankverein war den Amerikanern weit entgegengekommen – der hohe Preis von 600 Millionen Dollar, dem Dreifachen des Buchwertes, die Umbenennung seiner Investmentbank zu SBC Warburg Dillon Read, die Ernennung des Dillon-Read-Chefs Franklin Hobbs zum globalen Corporate-Finance-Chef. Doch gerade für eine mögliche spätere Fusion mit der UBS erwies sich die Akquisition als sehr wertvoll. Denn in den USA hatte die UBS in den letzten Jahren dreistellige Millionenbeträge in den Aufbau des Investmentbankings investiert und für horrende Summen Teams von der Konkurrenz abgeworben. Hier war sie dem Bankverein klar voraus – bis zum Kauf von Dillon Read. Ohne diese Akquisition wäre der totale Führungsanspruch des Bankvereins im Investmentbanking nicht so unbestritten gewesen.

Auch ein anderes Indiz schien dafür zu sprechen, dass Ospel seine Truppen in Stellung brachte. Im Private Banking war eigentlich klar, dass die UBS dem Bankverein voraus war. Sie verwaltete mehr Vermögen, und ihr extrem konservativer Ruf war gerade auf diesem Gebiet ein grosser Vorteil. Zudem war der Private-Banking-Chef des Bankvereins, Ernst Balsiger, zwar ein hochverdienter Mann, doch ein offensichtlicher Vorsprung gegenüber den UBS-Leuten war nicht zu erkennen. Also holte Ospel Rudi Bogni zurück. Der promovierte Ökonom war fünf Jahre lang, bis 1995, London-Chef des Bankvereins und dann zu einem Sabbatical an das Imperial College in London gegangen. Das musste er bereits nach 15 Monaten wieder abbrechen – Ospel brauchte ihn. Im April 1997 war Bogni bereits wieder an Bord. Damit hatte der Bankverein auch auf diesem Gebiet ein Schwergewicht zu bieten.

So gingen die beiden psychologisch mit gegensätzlichen Vorzeichen in die Verhandlungen. Auch Cabiallavetta hatte sich im Mai von seinem Verwaltungsrats-Präsidenten Studer das Mandat für Verhandlungen geben lassen. Doch eine wirkliche Strategieentscheidung zur Fusion, wie sie der Bankverein im Januar getroffen hatte, gab es nicht. Die Ausgangslage war – trotz aller Freundschaft – noch immer eindeutig: Die UBS gab sich als die reiche Braut, die sich das Werben des deutlich ärmeren Kandidaten einmal anhörte. Der Bankverein hatte ja den ersten Schritt gemacht, und da lässt es sich komfortabler verhandeln.

Schnell wurden die Verhandlungen sehr intensiv. Die ersten Male trafen sich nur Ospel und Cabiallavetta, dann kam es zu Vierer- und Sechsertreffen mit den Top-Leuten der beiden Banken. Rasch wurde deutlich, wie unterschiedlich die beiden Banken doch organisiert waren. Die UBS war noch immer stark regional geführt, auch wenn Cabiallavetta die Macht der Regionenchefs etwas beschnitten hatte. Jede wichtige Entscheidung musste weiterhin vom Regionenchef und vom Spartenchef abgesegnet werden. Der Bankverein dagegen hatte die Lokalfürsten sukzessive entmachtet und führte global nach Sparten, wie es die grossen amerikanischen Vorbilder wie Merrill Lynch taten. Anders als der Bankverein führte die UBS auch den Heimmarkt Schweiz noch immer als weitgehend autonome Einheit, mit eigenem Private Banking, eigenem Asset Management, eigenem Investmentbanking. Deren Chef war Stephan Haeringer, Jahrgang 1946 und damit ein Jahr jünger als Cabiallavetta, ein sehr machtbewusster Mann, der zuvor das Private Banking und das Asset Management geleitet und den Cabiallavetta dann zu seinem Stellvertreter und Schweiz-Chef gemacht hatte.

Doch noch war die UBS in einer starken Position. Zwar hatte sie kaum die gezielte Expansion des Bankvereins vorzuweisen, doch noch immer verfügte sie über die meisten Eigenmittel und war in der Paradedisziplin der Schweizer Banken, dem Private Banking, die unbestrittene Nummer eins, nicht nur in der Schweiz, sondern weltweit. Deswegen wollte Cabiallavetta auch nicht von seiner Struktur abweichen. Immerhin war er ja der Umworbene. Zwar hatte er als Chef in seiner Sparte längst eingesehen, dass der regionale Ansatz im Finanzgeschäft wenig sinnvoll war. Doch ein vollständiges Übernehmen des Spartendenkens wäre nicht nur das öffentliche Eingeständnis des Scheiterns gewesen. Vor allem hätte es in einem Blutbad für seine Bank geendet, und das hätte besonders seine Vertrauten betroffen.

Die Chefs der vier Regionen – der Europa-Chef David Robins in London, der Asien-Chef Lim Ho Kee in Singapur, der Nordamerika-Chef Richard Capone in New York und der Japan-Chef Peter Brutsche, alles Mitglieder der erweiterten Konzernleitung und Vertraute Cabiallavettas – würden ihre Bedeutung verlieren. Der gesamte Auslandsbereich, den er zu einem grossen Teil selbst aufgebaut hatte, würde de facto vom Bankverein übernommen werden. Viele hochkarätige Mitarbeiter, vor allem in London und New York, hatte er mit seiner Dynamik und einem tiefen Blick in die Augen zur UBS gelotst. Sie alle würde er in diesem Fall verraten müssen. Das war besonders hart für einen, der mit jedem seiner engen Mitarbeiter Bergsteigen können wollte.

Und auch sein Stellvertreter Haeringer dürfte kaum in Richtung Fusion gedrängt haben. Dieser wusste, dass er dadurch massiv an Macht verlieren würde. Bis dahin hatte er als Schweiz-Chef mehr als 70 Prozent der Erträge der Bank unter sich, und nicht wenige sahen in ihm den heimlichen Herrscher der Bank. Haeringer, der die Öffentlichkeit mied, war in seinen 30 Jahren bei der Bank schon immer als jemand aufgefallen, der Neuerungen abblockte. Auf Cabiallavetta, das bestätigten mehrere unabhängige Quellen, soll er einen grossen Einfluss gehabt haben. Auf Pressekonferenzen etwa sprach Cabiallavetta seine Konzernleitungsmitglieder meist mit vollem Namen an, nur Haeringer war «der Stephan». Er war auch Pate von Cabiallavettas älterem Sohn. Würde die UBS die Bankverein-Organisationsform übernehmen, würde Haeringers Schweizer Universalbank, als deren Chef er sich sah, auf die globalen Sparten des Bankvereins verteilt werden. Ihm bliebe nur noch das wenig lukrative Retailgeschäft.

So liefen die Verhandlungen zwar weiter, doch bei der grossen Frage der Struktur der neuen Bank gab es keine Annäherung. Die Konzernleitungen führten die Verhandlungen, zusätzlich waren die VR-Präsidien, die VR-Ausschüsse und einige Spezialisten eingeweiht. Insgesamt dürften etwa 60 Personen von den Verhandlungen gewusst haben. Mal fanden sich die Spitzen des jeweiligen Investmentbankings zusammen, dann die des Private Bankings, immer jedoch in Anwesenheit von Ospel und Cabiallavetta. Es gab endlose Diskussionen, doch die Fronten waren verhärtet. Ospel und seine Top-Leute lehnten in der Frage der Organisationsform jeglichen Kompromiss ab. Für sie wäre eine Übernahme der UBS-Struktur einem Rückfall gleichgekommen in Zeiten, die sie längst hinter sich hatten. Der Bankverein demonstrierte Gelassenheit. Im Investmentbanking folgten weitere Engagements bei dem Moskauer Broker Brunswick und der Long Term Credit Bank of Japan. Zudem lief das erste Halbjahr ausgesprochen gut. «Wir brauchen euch nicht um jeden Preis», war die Mitteilung des Bankvereins an die UBS.

Die entscheidende Phase der ersten Verhandlungsrunde begann dann Anfang Juni. In London waren die Verhandlungen durchgesickert, und es gab beim Bankverein Rückfragen: «Stimmt es, dass ihr fusionieren wollt?» Doch die ungelöste Frage der Struktur hatte alles andere in den Hintergrund gedrängt und einen Durchbruch blockiert. Zu einem Entscheid bei den Personalfragen, der zentralen Frage einer jeden Fusion, war es noch nicht gekommen. Doch natürlich gab es Planspiele. Als Konzernchef, Chief Executive Officer (CEO), war Cabiallavetta gesetzt. Das hätte auch Ospel akzeptiert. Cabiallavetta kam von der grösseren Bank, und zudem war er fünf Jahre älter und hätte dann einige Jahre später das VR-Präsidium übernehmen und den CEO-Job an Ospel übergeben können. Die UBS-Seite hätte dann Ospel als Chef des Investmentbankings gesehen und dafür dem Bankverein mit Bogni den Zugriff auf ihr Kronjuwel, das Private Banking, zugestanden.

Das jedoch hätte Ospel kaum akzeptiert. Er hätte sich wohl ein Modell nach amerikanischem Vorbild mit Cabiallavetta als CEO und ihm selbst als Chief Operating Officer (COO) vorstellen können. Chef des Investmentbankings wäre dann sein alter Weggefährte de Gier geblieben, und dafür hätte er vielleicht auch einen Private-Banking-Chef Haeringer akzeptiert. Bogni wäre dann zusammen mit dem Bankverein-Finanzchef Wuffli für das Corporate Center – zuständig für spartenübergreifende Aufgaben wie Finanzen und Risikokontrolle – in Frage gekommen. Das hätte dann wiederum Auswirkungen auf den Chef des Schweizer Geschäfts gehabt. Die UBS hätte Haeringer dort gesehen, Ospel eher seinen Schweiz-Chef Menotti. Nicht geklärt war auch die Stellung des Asset Managements. Die UBS wollte es weiterhin wie bei sich, zusammen mit dem Private Banking, führen, der Bankverein hatte die Geschäfte bei sich bereits getrennt und wollte diese Lösung auch für die neue Bank durchsetzen.

Später sollten Presseberichte behaupten, es sei im Sommer zu keiner Einigung gekommen, weil Ospel auf dem CEO-Posten bestanden und zudem einen VR-Präsidenten

Studer nicht akzeptiert habe. Beides war falsch. Ospel hätte ja einen CEO Cabiallavetta akzeptiert, und die Studer-Frage war noch gar nicht diskutiert. Im Endeffekt waren es nicht die Personalfragen, an denen die Verhandlungen scheiterten, das betonten beide Seiten. Es war die Frage der Organisationsform, wie Bankverein-Kreise versicherten, auch wenn die UBS das nicht direkt bestätigte. «Es lag an Details. Mehr will ich dazu nicht sagen», sagte Cabiallavetta im Gespräch mit dem Autor im April 1998.

Die grössere Bank, noch dazu die Umworbene, wollte sich einfach nicht der Struktur des Kleineren anpassen. Und weil die Konzernleitungen in dieser zentralen Frage keine Einigung fanden, konnten sie ihren Aufsichtsgremien, den Verwaltungsräten, auch keine endgültige Lösung präsentieren. Zu keinem Zeitpunkt in diesem heissen Juni sind die Verhandlungsführer Cabiallavetta und Ospel mit einer Lösung vor ihre Verwaltungsrats-Präsidenten getreten und haben einen Antrag zur Fusion gestellt.

Es war noch zu keinerlei Verhandlungen gekommen, wer der Präsident der neuen Bank sein sollte, denn diese Entscheidungen hätten die Verwaltungsräte treffen müssen, und die waren noch nicht einmal eingeweiht. Deshalb wurde als Arbeitshypothese das Modell eines Co-Präsidiums Blum/Studer herumgereicht, auch wenn weder Ospel noch Cabiallavetta als Anhänger einer solchen Lösung galten. In keiner Phase waren die Verhandlungen so weit gediehen, dass die vier entscheidenden Personen Cabiallavetta, Ospel, Studer und Blum einmal an einem Tisch gesessen hätten. Die Verhandlungen waren zwar intensiv, doch noch waren sie nicht viel mehr als Gespräche zwischen zwei Grossunternehmen, wie sie in diesen Zeiten so häufig stattfinden und von denen nur selten etwas an die Öffentlichkeit dringt.

Doch die UBS schien härter mit sich gerungen zu haben als der Bankverein. Denn Mitte Juni rief Cabiallavetta seine Regionenchefs an. «Wir werden mit dem Bankverein fusionieren», teilte er ihnen mit. Auch die Geschäftsleitung Schweiz, die in die Verhandlungen nicht miteinbezogen wurde, wurde von ihrem Chef Haeringer informiert, dass die Fusion kommen werde.

Warum informierte Cabiallavetta seine engsten Mitarbeiter, obwohl der Durchbruch in den Verhandlungen noch nicht gelungen war? Darüber lässt sich nur spekulieren. Hatte er eingesehen, dass seine Struktur dem Bankverein unterlegen war, und war er kurz davor, den entscheidenden Schritt zu tun? Schreckte er dann doch in letzter Sekunde vor dem Blutbad zurück? Denn in der Öffentlichkeit hätte ein solcher Entscheid – ohne jeglichen Druck von aussen – wahrlich wie eine Kapitulationserklärung der grössten Schweizer Bank ausgesehen. Wenige Tage später, Ende Juni, griff Cabiallavetta wieder zum Telefon. «Ich habe lang darüber nachgedacht. Ich habe die Sache abgebrochen. Der Schaden für die UBS wäre zu gross.» Am 1. Juli beendete Cabiallavetta offiziell die Verhandlungen.

So hatte die UBS innerhalb von 15 Monaten zwei Fusionsangebote abgelehnt – einmal mit der Credit Suisse im April 1996, dann mit dem Bankverein im Juni 1997. Beide Male spielte Cabiallavetta eine Schlüsselrolle. Im April 1996 hatte er über die Osterfeiertage die CS-Offerte geprüft und war dann vor den Verwaltungsrat getreten. «Der strategische Fit ist einfach nicht gut», war sein damaliges Urteil. «Wenn schon eine Fusion, dann mit dem Bankverein.» Das war der Satz, den der scheidende Verwaltungsratspräsident Nikolaus Senn dann in einem Interview aufnahm und der schon damals viel Wirbel auslöste. Cabiallavettas Vorliebe für Ospel, über mehrere Jahre aufgebaut, war offensichtlich. Denn eigentlich wäre die Annäherung einfacher gewesen mit Josef Ackermann, dem damaligen Kreditanstalt-Chef und späteren Vorstandsmitglied der Deutschen Bank. Die beiden waren zusammen in Chur auf die Kantonsschule gegangen, und Graubündner Wurzeln verbinden ein Leben lang, wie Cabiallavetta selbst eindrücklich belegen sollte.

Doch jetzt sagte Cabiallavetta auch zum Bankverein nein. Beide Male war die UBS die Umworbene, und beide Male war sie sich zu fein zum grossen Schritt. Doch in beiden Fällen wären die Konditionen für sie, eben weil sie die Umworbene war, deutlich besser ausgefallen als nach dem 16. Oktober. Das sollte Cabiallavetta ganz persönlich treffen. Im April 1996 wäre er wahrscheinlich Konzernchef einer kombinierten Superbank UBS – CS geworden. Im Juni hatte er den Chefjob der UBS-Bankverein-Kombination auf sicher. Vier Monate später hatte sich die Situation so dramatisch geändert, dass ihm nur noch der prestigevolle, aber machtarme Posten des Verwaltungsrats-Präsidenten blieb.

3. Und es war Sommer
Wie die Bankgesellschaft einen Sommer lang
nach Auswegen suchte.

Es war sein zweiter Sommer als Chef der grössten Schweizer Bank. Doch Zeit zum Erholen blieb Mathis Cabiallavetta kaum. Er war kurz vor dem letzten grossen Schritt, der Fusion, zurückgeschreckt. Wenn auch die Top-Posten noch nicht bis ins letzte Detail bestimmt waren, so war doch den meisten Mitgliedern der Konzernleitung klar, dass sie im Falle einer Fusion den Bankverein-Leuten unterlegen waren. Damit gab Cabiallavetta indirekt zu, dass sein Management nicht zur ersten Garnitur zählte. Er musste handeln.

Umso mehr, als sich der Druck von aussen verstärkte. Die Holocaust-Debatte lastete wieder stärker auf Cabiallavetta. Anfang des Jahres hatte Cabiallavetta zwei Tage pro Woche für diese Thematik verwenden müssen. Auf Dauer liess sich eine Grossbank so kaum führen. Jetzt war es immer noch ein halber Tag pro Woche. Und der Druck stieg wieder, auf die UBS mehr als auf die beiden anderen Banken. Denn die Affäre um den Wachmann Christoph Meili machte nur seiner Bank zu schaffen.

Meili hatte Anfang Januar im Schredderraum der UBS historische Akten vor der Vernichtung gerettet. «Mein heutiger Wissensstand lässt mich vermuten, dass die

Gründe, die Meili für sein Handeln angegeben hat, nicht die einzigen sind», warf ihm daraufhin der UBS-Verwaltungsratspräsident Studer in der Schweizer Fernsehsendung «Arena» vor. Weil er diese Vorwürfe jedoch nicht genauer begründete, brach gegen ihn eine PR-Kampagne los, wie sie bis dahin noch kein Wirtschaftsführer der Schweiz – und wohl nur wenige auf der Welt – über sich ergehen lassen musste. Jetzt rächte sich der Ruf der Arroganz, der die Bank über Jahre hinweg begleitet hatte. Innerhalb von nur wenigen Sekunden hatte Studer einen Imageschaden von unabschätzbarem Ausmass angerichtet. Im Ausland stand er für den uneinsichtigen Schweizer Bankier, dem jegliches moralisches Verständnis fehlte. Besonders der Druck aus den USA war stark. Meili wurde dort zu einem Medienstar. Anfang Juli verabschiedete das US-Repräsentantenhaus eigens eine Lex Meili, die dem nach New Jersey umgezogenen Wachmann das Aufenthaltsrecht zusagte.

Auch der Druck der Presse nahm zu. Besonders die «Financial Times», renommierteste Stimme der täglichen Wirtschaftspresse und auch auf dem Finanzplatz Zürich mit enormem Einfluss, kritisierte Studer mehrfach scharf. Schon immer hatte sie den Oberst der Schweizer Armee mit Vorliebe als «Colonel Studer», als unflexiblen Militärkopf, dargestellt. Am 10. Juli brachte sie eine Besprechung des Buches «Switzerland unwrapped» – Die unverhüllte Schweiz – des Journalisten Mitya New. Angesprochen auf die nicht zurückgegebenen jüdischen Gelder aus dem Zweiten Weltkrieg, äussert sich Studer in einem Zitat aus einem Interview vom Dezember 1993 mit dem Satz: «Für uns ist das überhaupt kein Thema. Ich habe kein Problem mit meinem Gewissen.» Das erkläre, so der Artikel, warum die Schweizer solche PR-Schwierigkeiten hätten. Als Studer dann im Sommer in der Londoner UBS-Niederlassung einen Journalisten der «Financial Times» zu einem Interview empfing, verbesserte das die Situation kaum. «Das war schrecklich», berichteten PR-Mitarbeiter der eigenen Bank ihren Kollegen. «Er antwortete überhaupt nicht auf die Fragen.»

Auch die heimische Presse ging mit Studer hart ins Gericht. «Ein Mythos zerbröckelt», titelte das Wirtschaftsmagazin «Bilanz» in seiner September-Ausgabe und zeigte einen Studer, der mit Hammer und Meissel auf das UBS-Logo einschlägt. «Das Mauern der UBS löst keine Probleme», lautete ein Artikel in der Finanzzeitung «Finanz und Wirtschaft» vom 24. September, und das war eine recht scharfe Aussage der stets gut informierten, aber immer sachlichen Bankspezialistin des Blattes, Anne-Marie Nega-Ledermann. «Ein Mann in Not», hiess es in der «Handelszeitung» vom 2. Oktober. Für Cabiallavetta war das eine sehr schwierige Situation. Zwar hatte er sich selbst wie die beiden anderen Bankchefs auch zu vollkommener Aufarbeitung bekannt. Doch er verdankte seinen Aufstieg in der Bank zu einem Grossteil Studer.

Eine Distanzierung von seinem Förderer war da kaum möglich.

Allerdings, und das ist für die Chronologie der Ereignisse bedeutend: Die extrem harte Kritik an Studer kam erst, als die UBS intern bereits – wie sich im folgenden zeigen wird – die Wiederaufnahme der Verhandlungen mit dem Bankverein beschlossen hatte. Nachdem die Stadt New York die UBS am 10. Oktober wegen der Meili-Affäre aus ihrem Bankensyndikat geworfen hatte, brachte die «Financial Times» am 15. Oktober auf ihrer Kommentar-Seite einen Artikel mit dem Titel «Studer Baking». Die Frage sei berechtigt, heisst es dort, «wie lange es noch dauern wird, bevor die UBS ihren zu Unfällen neigenden Verwaltungsratspräsidenten Robert Studer fallen lässt. Seitdem er im April 1996 das Amt übernommen hat, stolpert die mächtigste Schweizer Bank von einem PR-Desaster zum nächsten.» Erst danach folgte auch in der Schweiz eine Reihe von noch kritischeren Artikeln, unter anderem im Westschweizer Nachrichtenmagazin «Hebdo» und in der Zürcher Wochenzeitung «Die Weltwoche».

Ein anderes Ereignis erhöhte den Druck auf Cabiallavetta in diesem Sommer. Am 11. August hatte die Credit Suisse, der ewige Rivale, die Übernahme der Winterthur Versicherung bekanntgegeben. In gewisser Weise verbesserte das die Situation der UBS. Denn eine Annäherung von Bankverein und Credit Suisse war damit praktisch ausgeschlossen. Ospel hatte schon mehrfach signalisiert, dass er kein Allfinanz-Anhänger war. Doch es tat sich dadurch eine neue Front auf. Martin Ebner, der Mann mit der Fliege, seit 1991 grösster UBS-Aktionär und mit der Konzernleitung im Dauerclinch, hatte die Winterthur über sein grosses Aktienpaket praktisch in die Arme der Credit Suisse gezwungen. Jetzt bot ihm CS-Patriarch Rainer E. Gut einen Sitz im Verwaltungsrat an. «Eine Fliege ist noch kein Malus», betonte Gut und verfehlte die Wirkung nicht.

Gut, der die schroffe Abfuhr seines Fusionsbegehrens vom April 1996 niemals vergessen würde, signalisierte eine Allianz mit dem grössten Feind der UBS. Mit diesem allein war die UBS bisher noch fertiggeworden, wenn auch mehr schlecht als recht. Doch eine Allianz Ebners mit dem – zu jener Zeit – grössten Finanzunternehmen des Landes wäre eine permanente Bedrohung gewesen. Die Nervosität stieg in der Konzernleitung. «Ihr wollt uns doch nicht übernehmen?» fragte ein UBS-Konzernleitungsmitglied bei einem Vertrauten auf der Gegenseite an. Der wiegelte ab – eine unfreundliche Übernahme sei in der Schweiz noch immer undenkbar. Doch Gut, dem Mann mit dem Elefantengedächtnis, war alles zuzutrauen, so glaubte die UBS zumindest. Schliesslich hatte sein Verhältnis zur Bankgesellschaft eine lange und vertrackte Vorgeschichte (dazu später mehr). Zudem hinkte der Aktienkurs der Konkurrenz deutlich hinterher, und das machte die Bank relativ billig und erhöhte so die Gefahr einer Übernahme. «Im Vergleich zum Eigenkapital ist die UBS die billigste Bank», hatte Ebner Mitte Juli kämpferisch verkündet.

Ende Juli rief Cabiallavetta Ospel an und verabredete sich mit ihm zum Golf in Lenzerheide in Graubünden. Das, obwohl seine Rückenschmerzen wieder zugenommen hatten und das Golfspiel für ihn in diesem Zustand sicher kein Vergnügen war. Er musste deswegen sogar Sitzungen abbrechen, berichteten Vertraute. In Lenzerheide hatte er ein Heimspiel. Der Platz galt als Hausplatz der Bankgesellschaft und war das bevorzugte Terrain von Nikolaus Senn, dem langjährigen Verwaltungsratspräsidenten und seit mehr als einem Jahrzehnt Präsident des Golfclubs. Cabiallavetta besass in Obervaz, unweit von Lenzerheide, ein Ferienhaus.

Es war das erste Mal nach dem Abbruch der Verhandlungen am 1. Juli, dass Ospel und Cabiallavetta wieder zusammentrafen. Schnell blühten die Spekulationen auf, als die Ehepaare Ospel und Cabiallavetta zusammen auf dem Golfplatz gesehen wurden und hinterher zum Abendessen gingen. «Brüteten die beiden Bankchefs da etwas aus?» fragten sich die Gäste im Clubhaus. Doch das Treffen war zu diesem Zeitpunkt vor allem atmosphärisch. Von einer Wiederaufnahme der Verhandlungen konnte keine Rede sein. Vielmehr wollten die beiden sicherstellen, dass ihr gutes persönliches Verhältnis weiterhin bestehen blieb. Im Prinzip, so hatte Cabiallavetta ja signalisiert, war die Sache vom Tisch.

Anfang September zog sich dann die Konzernleitung der UBS für zwei Tage auf den Wolfsberg zurück. Das war die gediegene Kaderschmiede der Bank, die in den siebziger Jahren vom damaligen Generaldirektor Robert Holzach aufgebaut worden war. In dem alten Schloss hoch über dem Bodensee, aufwendig restauriert, gab es für solche Anlässe besonders noble Tagungsräume. Hier berieten die sieben Mitglieder der Konzernleitung über ihre Zukunft. Es war offensichtlich, dass die Bank nur zwei Alternativen zum Zusammenschluss mit dem Bankverein hatte. Entweder würde sie einen anderen Partner finden, oder sie würde weiter auf Alleingang setzen. Doch schnell war man sich einig, dass ein Zusammengehen mit einem anderen Partner die schlechteste der Lösungen war.

Den Kauf einer amerikanischen Investmentbank hatte die Bank ja bereits vor längerer Zeit verworfen. Zudem dürften die wirklich interessanten Wall-Street-Adressen wie Merrill Lynch, Goldman Sachs oder Morgan Stanley kaum Interesse gehabt haben, und eine unfreundliche Übernahme in diesen Dimensionen war praktisch ausgeschlossen. Alle anderen sonstigen Kandidaten in den USA hatten nicht das Kaliber, um den Durchbruch zu bringen, den die Bank brauchte. Eine Fusion mit einem europäischen Partner? Es kamen eigentlich nur die Deutschen in

Frage. Der Ruf der Dresdner Bank, mit der die Bankgesellschaft in den fünfziger Jahren eng zusammengearbeitet hatte, war durch Steueraffären in ihrer Heimat ramponiert. Zudem fehlte es ihr an internationaler Statur. Die Deutsche Bank wäre ein passenderer Partner gewesen. Doch sie hätte sicherlich das Sagen haben wollen. Schlussendlich gab es jedoch ein grundsätzliches Unbehagen, sich mit einem deutschen Partner und seinen starken Gewerkschaften zusammenzutun. So wurden zwar alle möglichen Namen durchgegangen. Doch zu Verhandlungen kam es nirgends. Cabiallavetta liess keinen Zweifel daran, dass er von einem Zusammengehen mit einem anderen Partner nicht viel hielt.

Und wer in der Konzernleitung hätte ihm da widersprechen wollen? Werner Bonadurer, sein Nachfolger als Handels-Chef, schaute zu ihm hinauf, genauso wie Felix Fischer, der lange in Cabiallavettas Handelssparte die Bücher geführt hatte und dafür von Cabiallavetta mit dem Posten des Finanzchefs, des Chief Financial Officers (CFO) belohnt worden war. Die beiden zählten zu den Cabiallavetta-Boys, intern auch FOMs (Friends of Mathis) genannt, genauso wie Arthur Decurtins, der Chef der Vermögensverwaltung und Graubündner wie Cabiallavetta (wenn auch als einziger von Cabiallavettas direkten Zöglingen mit einem Universitätsabschluss, aus St. Gallen). Als einziges Schwergewicht akzeptierte Cabiallavetta den Schweiz-Chef Haeringer, den Paten seines Sohnes.

Dann gab es noch zwei Aussenseiter: Pierre de Weck, der Aristokrat aus Fribourg, der das Investmentbanking leitete und mit seinem beeindruckenden akademischen Werdegang – Maschinenbaustudium an der ETH Zürich, Sloan School of Management und Masters of Science am renommierten Massachusetts Institute of Technology (MIT) – in der hemdsärmeligen Aufsteiger-Kultur immer wie ein Fremdkörper wirkte, und den Logistik-Chef Ulrich Grete, dessen Abstieg begonnen hatte, nachdem Cabiallavetta ihm Anfang der neunziger Jahre das Handelsgeschäft abgenommen hatte. Cabiallavetta beherrschte die Konzernleitung, zusammen mit Haeringer. Und er hatte einen entscheidenden Trumpf mehr in der Hand als alle seine Kollegen – den direkten Draht zu Marcel Ospel, dem erfolgreichsten Schweizer Banker der letzten Jahre. Marcel, so hatte er den Kollegen durch die Verhandlungen im Juni signalisiert, war seine neue Seilschaft. Mit dem würde er Bergsteigen gehen.

Die Konzernleitung investierte auf dem Wolfsberg am meisten Zeit in die Alleingang-Variante. Die sieben Mitglieder arbeiteten zusammen eine neue Struktur aus, und die Folge war ein typisches Konsens-Modell. Einschneidendste Änderung war die Schaffung einer wirklichen Investmentbank. Das klassische Investmentbanking-Geschäft unter Pierre de Weck – Fusions- und Übernahmeberatung (M&A) und das Emissionsgeschäft – sollte mit der Handelssparte, von Cabiallavetta aufgebaut und jetzt von Bonadurer geführt, zusammengelegt werden, so wie in allen Investmentbanken der Welt. Geleitet werden sollte die Division von London aus, und zwar von Pierre de Weck.

Bonadurer sollte als Generaldirektor die Risiko-Kontrolle, das sogenannte Risk Management, führen und unabhängig von de Weck direkt an Cabiallavetta rapportieren – eine auf den ersten Blick überraschende Lösung, doch sie hatte ihre eigene Logik, wie die nächsten Kapitel zeigen werden. Ansonsten sah die neue Struktur wenig Änderungen vor. Das Schweiz-Geschäft sollte wie bisher bei Haeringer bleiben, Fischer blieb weiterhin Finanzchef. Der Logistik-Chef Grete sollte ausscheiden. Und nach Diskussionen, ob das Asset Management und das Private Banking getrennt werden sollten, entschied man sich schliesslich, die alte Lösung beizubehalten, natürlich mit dem bisherigen Chef Decurtins.

Die Lösung war wenig revolutionär. Als Cabiallavetta und Haeringer sie im September ihren Regionen-Chefs präsentierten – die anderen Konzernleitungsmitglieder waren nicht dabei –, zeigten sie sich selbst wenig begeistert. «Selbst wenn wir glauben, dass das die richtige Struktur ist – haben wir die richtigen Leute für diese Geschäfte?» fragte Cabiallavetta in die Runde. Die Antwort gab er dann selbst. Es sei zweifelhaft, ob Pierre de Weck der richtige Mann sei, eine Investmentbank mit 7000 oder 8000 Mitarbeitern zu leiten. Und auch von seinem Graubündner Weggefährten Decurtins rückte er ab. Ob der das globale Private Banking und Asset Management leiten könne, sei zu bezweifeln. Er schien ihm die Scudder-Pleite zuzuschreiben. Es gab auch wieder etwas von der Selbstkritik, die so charakteristisch war für Cabiallavetta. «Ich gebe zu, dass ich manchen Leuten Jobs gegeben habe, denen sie nicht vollständig gewachsen waren.»

Doch die naheliegendste Frage stellte niemand, und das machte die besondere Kultur der UBS deutlich: Wenn dies die richtige Struktur war und die Bank nicht die richtigen Manager hatte – warum rekrutierte sie diese dann nicht einfach? Dazu war eben auch Cabiallavetta zu sehr in seiner Bank Schweizer Prägung verwurzelt. Und vor allem: Eine solche Lösung hätte nicht nur für fast alle Konzernleitungsmitglieder einen enormen Machtverlust bedeutet, sie wäre auch das offene Eingeständnis eines vollkommenen Scheiterns des Top-Managements gewesen. Und es war Cabiallavetta, der immerhin die Hälfte der Konzernleitungsmitglieder selbst ernannt hatte.

Zudem zeigte die Lösung, dass die UBS de facto die Einführung einer zeitgemässen Struktur verschlafen hatte. Denn die dargestellte Struktur ähnelte stark der des Bankvereins, des verschmähten Fusionspartners. Vor allem im internationalen Geschäft, dem Bereich, in dem sich Cabiallavetta zu Hause fühlte, lag die UBS weit hinter dem Bankverein zurück. Es gab kein global organisiertes Aktiengeschäft, kein global organisiertes Corporate-Finance-Geschäft, kein wirklich global integriertes Zinsengeschäft. All das hatte der Bankverein. «Die Bankverein-Lösung ist die beste», impfte Cabiallavetta seinen Kollegen immer wieder ein. Schliesslich folgten sie ihm, wie üblich, wohlwissend jedoch, dass das für die meisten von ihnen einen Abstieg bedeuten würde. Am 9. Oktober stand in Genf die nächste Sitzung des VR-Ausschusses an. Dann, so stellte Cabiallavetta den Antrag, sollte die Entscheidung fallen: Alleingang, Verhandlungen mit einer europäischen Grossbank oder Wiederaufnahme der Fusionsgespräche mit dem Bankverein.

Und so fanden sich an diesem Donnerstag im Oktober 1997 14 Herren in Genf ein: die siebenköpfige Konzernleitung, Studer und seine beiden Vizepräsidenten Hans Heckmann und Markus Kündig, dazu die vier Ausschussmitglieder Hannes Goetz (Swissair), Rolf Meyer (Ciba), Andreas Reinhart (Handelshaus Volkart) und Alfred Schindler (vom gleichnamigen Lift- und Rolltreppenhersteller). Cabiallavetta stellte dem Aufsichtsgremium die Ergebnisse der Beratungen der Konzernleitung vor. «Wir sind einstimmig zu dem Schluss gekommen, dass die Bankverein-Lösung die beste ist.» Was sollten die Herren um Studer da sagen? Es fehlte ihnen schlicht an Kompetenz, um die Resultate der Konzernleitung in Frage zu stellen. Der starke Mann hatte sich entschieden. Da galt es zu folgen. Also bekam Cabiallavetta, was er wollte – das Mandat, die Verhandlungen mit dem Bankverein wieder aufzunehmen. Doch Cabiallavetta ging nicht sofort auf seinen Freund Marcel Ospel zu. Er wusste, dass er ihn eine Woche später, am 16. Oktober, bei dem Bankierstreffen in Brüssel sehen würde. Es blieben ihm sieben Tage Unabhängigkeit. Dann nahm er Ospel in Brüssel zur Seite. Seit dem 1. Juli hatten sie nicht mehr über die Fusion geredet. Jetzt kam Cabiallavetta zurück.

Doch es war schon seltsam. Da hatte Cabiallavetta im Sommer die Gespräche mit dem Bankverein abgebrochen. Und jetzt, nicht einmal vier Monate später, tat er alles, um die Verhandlungen wieder aufzunehmen. Natürlich war der Druck stärker geworden, und die Einsicht in das Fehlen der Alternativen war deutlicher. Doch das genügte kaum für einen solchen dramatischen Schritt. Er selbst wollte diese externen Gründe ja auch nicht als Motive für die Fusion gelten lassen. Sollten ihm die zwei Tage im abgeschiedenen Wolfsberg zu einer Einsicht verholfen haben, die ihm im Sommer während zweier Verhandlungsmonate verstellt war? Dass der Bankverein die bessere Struktur hatte, hätte er bereits im Juni einsehen können. Da zögerte er noch vor dem entscheidenden Schritt zurück. Und sollte schlichte strategische Einsicht der einzige Grund für diesen Schritt sein, wie er behauptete, dann musste er sich vorwerfen lassen, wegen einer zweimonatigen intellektuellen Blindheit tausenden von Mitarbeitern massiv geschadet zu haben. Denn im Juni hätte er bessere Bedingungen herausholen können, nicht nur für viele seiner Mitarbeiter, sondern auch für sich selbst. Nein, strategische Einsicht allein reichte kaum aus für seine Rückkehr an den Verhandlungstisch, die de facto in einer Kapitulation enden sollte. Es musste noch einen anderen Grund geben.

4. Mathis sagt Goodbye
Wie sich Cabiallavetta an einen Starhändler namens Ramy Goldstein band und es mit der Kontrolle nicht sehr genau nahm.

«Fuck you and your loyalty», schallte es Cabiallavetta bei einem seiner ersten Besuche in der New Yorker UBS-Niederlassung nach der Fusionsbekanntgabe vom 8. Dezember entgegen. Die Sitzung musste unter Tumulten abgebrochen werden. Vollkommen demoralisiert war auch die Stimmung in London, der europäischen Finanzhauptstadt und dem klar wichtigsten ausländischen Standort der Bank. «Wenn er herkommt, dürfte er einen Bodyguard brauchen», schrieb «Euromoney» in seiner Ausgabe vom März 1998 über Cabiallavetta. Die UBS hatte sich immer als die edelste ausländische Bank gegeben in der City, dem Londoner Finanzdistrikt. Ihr nobles Gebäude an der Liverpool Street 100, bezogen 1990, hatte sie eigens für 700 Millionen Franken errichten lassen, mit sieben Etagen, die jede die Grösse eines Fussballfeldes hatten. Die Konkurrenz nahm sich billige Mietbüros. Ihre Mitarbeiter galten als die Bankiers mit den etwas besseren Hemden und den etwas nobleren Manschettenknöpfen. Gerade hatte sie das neue weltweite Logo in strahlendstem Rot über das Portal gehängt. Und jetzt? Hohn, Schadenfreude, Mitleid. UBS stand nur noch für «U've Been Sacked» oder «U' Be Sorry».

Für die mehr als 3000 Mitarbeiter galt Cabiallavetta als der Verräter, der seine Truppen in den Untergang geschickt und sich selbst gerettet hatte. «Die Fusion ist vor allem für einen gut – Mathis Cabiallavetta», sagte ein hochrangiger UBS-Mann in London. «An uns hat er nicht gedacht.» Das war eben das Bezeichnende – die Wut galt nicht der Bank oder den neuen Herren vom Bankverein. Sie galt direkt Cabiallavetta. Denn er war über Jahre hinweg der Mann fürs internationale Geschäft der Bank gewesen. Er war der Baumeister der Handels-Sparte, die vor allem in London und New York ihre Geschäfte machte. Viele ihrer Mitarbeiter hatte er selbst von der Konkurrenz abgeworben und mit seiner dynamischen Persönlichkeit zur Bank gelotst. Oft war seine versprochene Unterstützung für die Top-Investmentbanker Grund genug zum Kommen. Ihr seid meine Seilschafts-Kollegen, hatte er ihnen zu verstehen gegeben. Und jetzt hatte er sie alle fallengelassen.

Nichts gab die Stimmung besser wieder als das Werk eines heimlichen Lyrikers. In Anlehnung an Elton Johns «Candle in the Wind», den Tribut des Sängers an die verstorbene Prinzessin Diana, brachte er folgenden Text hervor, abgedruckt im «Daily Telegraph» und betitelt «Bonus in the bin» – zu deutsch: Bonus im Mülleimer.

Goodbye Mathis Mate,
Though I never knew you at all
You had the front to save yourself
And let those around you fall.
Ignoring all the work
That the folks around you do,
When it comes to saving things
So far it's only you.

Chorus:
And it seems to me
I've lost my job
And my bonus in the bin.
Never thought that it could happen
Till I got called in.
Now I really hope to meet you
On a misty Zurich night.
If I don't get you first, my son
My other colleagues might.

Goodbye Mathis mate,
Says the young bloke from
around the second floor
Who you newly promoted
And now you have shown the door.
We thought we had a great year
Hit our targets in July
But again that's not enough
When you're sold out from high.

Repeat Chorus. Leave.

Den Kontakt zur Spitze des Europageschäfts brach Cabiallavetta sofort nach der Fusions-Bekanntgabe praktisch ab – wie jemand, der sich schämte, seine Freunde verraten zu haben. Vorher hatte er mit dem Europa-Chef Robins einmal die Woche telefoniert. Robins, ein hochintegrer, global versierter Banker mit exzellenter Reputation in der City, bekam einfach kein seriöses Angebot in der neuen Bank. Genauso wenig wie andere Stützen des internationalen Geschäfts wie etwa Mark Suvall, der New Yorker Aktienchef oder Andrew Rodman, der Chef des Eigenhandels.

Und viele, die ein Angebot bekommen hatten, fühlten sich so gedemütigt, dass sie es gar nicht annahmen: Hector Sants, Londoner Aktienchef und UBS-Veteran in der City, wechselte lieber als europäischer Aktienchef zu dem US-Brokerhaus DLJ. Renaud de Planta, Spross aus angesehener Schweizer Familie und zuletzt Nordasien-Chef der Bank, stieg lieber als Teilhaber bei dem Genfer Privatbankiershaus Pictet ein. TJ Lim, bei der UBS für Zins- und Devisenderivate zuständig, gab im März 1998 auf. «Keep the best and change the rest» hatte das Motto gelautet, mit dem Cabiallavetta 1996 selbstbewusst seinen Chefposten angetreten hatte. Nach der Fusionsbekanntgabe verliessen die besten Leute das sinkende Schiff als erste.

Und wenn auch das Top-Management des Bankvereins dem der UBS klar überlegen war, so hatte die UBS doch hochkarätige Nachwuchs-Kräfte, in der Schweiz genauso wie in London oder New York, die es in vielen Bereichen mit den Bankverein-Leuten mehr als aufnehmen konnten. Sie alle mussten jetzt für die Fehler ihrer Führung büssen, denn bei der Stellenauswahl waren die Bankverein-Mitarbeiter meist im Vorteil. Das Motto wurde zu «Change the best and keep the rest». Und unter dem Rest verstanden die verbitterten Mitarbeiter vor allem die Konzernleitungsmitglieder, die sich trotz meist enormem Machtverlust gerettet hatten.

Von den Top-Managern des Londoner UBS-Investmentbankings hatten – Stand Ende April 1998 – nur zwei in leitender Stellung überlebt: Malcolm Le May als Ko-Chef Europa für das Corporate-Finance-Geschäft und Ian Strafford-Taylor als Chef des Aktienkreditgeschäftes. Der Bankverein hatte das Top-Management am Hauptsitz des Investmentbankings praktisch vollständig und die zweite und dritte Management-Stufe zum Grossteil übernommen. Auch die New Yorker UBS-Operation brach praktisch auseinander. Hier hatte die UBS in den letzten zwei Jahren hochspezialisierte Teams für Millionengagen zusammengekauft. Symbolfigur war Richard Barrett, der im April 1995 mit seinem 20köpfigen Finanz-Analystenteam von Salomon Brothers gekommen war und laut seriösen Schätzungen für zwei Jahre fünf Millionen Dollar garantiert bekommen haben soll. Ende März 1998 zog er weiter. Mitsamt seinem Team wechselte auch er zu dem Brokerhaus DLJ.

Nun dürfte sich das Mitleid bei dieser Gehaltsklasse in Grenzen halten, zumal die hochbezahlten Finanzstars kaum für Loyalität zu ihrem Arbeitgeber bekannt waren, wenn sich woanders mehr verdienen liess. Und aus Sicht des Bankvereins war das Vorgehen verständlich. Dies war ja keine komplementäre Fusion, und deswegen waren die SBC-Warburg-Leute schon zufrieden, wenn eins und eins nicht einmal eineinhalb ergaben. Sie sahen in der Übernahme vor allem die Gelegenheit, einen lästigen Konkurrenten zu liquidieren. Wenn dabei als Nebeneffekt für das eigene Geschäft noch etwas abfiel, umso besser. Doch aus Sicht der UBS war die Entwicklung verheerend. Sie hatte in den achtziger und neunziger Jahren Milliardenbeträge in den Aufbau des Investmentbankings gesteckt. Jetzt kam es zu einer der gigantischsten Wertvernichtungen der Bankengeschichte, und davon waren vor allem Cabiallavettas engste Mitstreiter betroffen. Wenn er, dem Loyalität so wichtig war, sich zu einem solchen Schritt entschloss, musste es dafür einen besonderen Grund geben.

«Warum ist Cabiallavetta einen solchen Deal eingegangen?» fragte auch der «Economist» am 31. Januar 1998: «Ein Grund ist, so scheint es, ein Loch von unbekannter, aber möglicherweise riesiger Grösse im Derivate-Geschäft, das von London aus geführt wird.» Mitte 1997 war die Handels-Sparte, die Cabiallavetta aufgebaut hatte, praktisch zusammengebrochen. In ihrem wichtigsten Geschäft, dem hochkomplexen Handel mit Aktienderivaten, war es zu Riesenverlusten gekommen. Der «Economist» nannte Verlust-Schätzungen von einer Milliarde Franken, doch es waren auch Zahlen von zwei bis drei Milliarden im Umlauf. Die «Financial Times» bezifferte den Verlust auf 650 Millionen. Unter dem Druck der Presse gab die UBS am 30. Januar 1998 eine Pressemitteilung heraus. Doch die war wenig verständlich, und das war so geplant, wie hochrangige UBS-Manager hinter vorgehaltener Hand zugaben.

350 Millionen Franken habe der Verlust im Aktienderivategeschäft betragen, hiess es in dieser Pressemitteilung. Dazu habe der gesamte Aktieneigenhandel das Jahr 1997 mit einem Minus von 100 Millionen Franken abgeschlossen. Die Bank hatte einfach einen Teil der Verluste, den die Abteilung für Aktienderivate namens GED (Global Equity Derivatives) verursacht hatte, mit den Gewinnen aus dem Eigenhandel in anderen Bereichen verrechnet. So hatte sie es geschickt vermieden, die gesamte Höhe des Verlustes der Abteilung zu beziffern. Doch genau auf diese Zahl hatten sich die Spekulationen bezogen. Und sie lag deutlich über 350 Millionen Franken. Ende des Jahres legte die UBS London den Verlust fest, und der betrug – von zuständiger Stelle in London bestätigt und hier erstmals veröffentlicht – genau 256 Millionen Pfund. Zu Jahresendkursen bedeutete das einen Verlust aus der Aktien-

derivateabteilung von genau 617 Millionen Schweizer Franken.

Lag hier der wahre Grund für die Fusion? Und gab es, wie der «Economist» spekulierte, Parallelen zum Untergang von Barings, der altehrwürdigen englischen Investmentbank, die ein 28jähriger Händler namens Nick Leeson Anfang 1995 mit Derivategeschäften in den Ruin getrieben hatte? In diesem Fall, besonders pikant, käme die Leeson-Rolle einem Offizier der israelischen Armee zu, geboren 1950 in der israelischen Hafenstadt Haifa, Mitglied einer Elite-Fallschirmjägereinheit und dekorierter Kämpfer in den israelisch-arabischen Kriegen von 1967 und 1973. Ramy Goldstein war sein Name, und kaum einem der UBS-Mitarbeiter in der Schweizer Heimat dürfte dieser Name ein Begriff gewesen sein. Doch Goldstein war eine absolute Ausnahmeerscheinung innerhalb der Bank.

Ramy, wie er überall nur genannt wurde, war Chef des GED-Departements, der globalen Aktienderivate-Abteilung, und über mehrere Jahre hinweg unangefochtener Star und mit Abstand bestbezahlter Mann der Bank. Für das Jahr 1996 schätzten zuverlässige Quellen seinen Bonus auf etwa 15 Millionen Franken. Cabiallavetta versteuerte in diesem Jahr ein Einkommen von 2,1 Millionen Franken, sein Verwaltungsratspräsident Studer 1,4 Millionen. Hatte der jüdische Elite-Offizier Goldstein im Sommer 1997, als der Druck von jüdischen Kreisen an der amerikanischen Ostküste die UBS von aussen lähmte, der Bank von innen irreparablen Schaden zugeführt?

Es ist eine komplizierte Geschichte um Kontrolle, Ehrgeiz und Eitelkeiten. Sie zeigt, dass das Kontrolldenken in der grössten Schweizer Bank nicht besonders ausgeprägt war. Denn schon einmal, 1995, hatte es einen grossen Verlust gegeben, und daraus wurde nicht genug gelernt. Und die Verantwortung für diese Kontrollmängel lag vor allem bei Cabiallavetta.

Die Geschichte begann 1991, als Cabiallavetta im Rahmen einer Umstrukturierung die neugeschaffene Abteilung «Handel und Risk Management» übernahm. Bis dahin hatte er das Devisengeschäft geleitet. Jetzt musste Ulrich Grete, der bis dahin das profitable Handelsgeschäft mit Aktien und Anleihen leitete, seine wichtigste Einnahmequelle an Cabiallavetta abtreten. Der damalige Konzernchef Robert Studer, das war offensichtlich, brachte seinen Zögling Cabiallavetta in Stellung. Im Jahre 1996 sollte er ihm nachfolgen.

Doch Cabiallavetta wusste, dass er – trotz aller Förderung – exzellente Ergebnisse brauchte, um ganz nach oben zu kommen. Das Devisengeschäft, das er bis dahin geleitet hatte, brachte zwar stetige Einnahmen, doch grosses Wachstum war hier nicht zu erwarten. Der Handel mit Aktien und Anleihen, das klassische Brokerage, war sicher eine weitaus solidere Machtbasis. Doch auch sie war noch zu schmal, zumal die Margen immer stärker unter Druck kamen. Die Sparte des Anlagegeschäfts dagegen war deutlich grösser, und dessen Chef Stephan Haeringer galt als sehr ehrgeizig. Auch Urs Rinderknecht, Chef des Schweiz-Geschäftes, rechnete sich Chancen auf die Studer-Nachfolge aus. Um ganz noch oben zu kommen, das war Cabiallavetta schnell klar, brauchte er einen wirklichen Geldbringer.

Das Geschäft mit Derivaten war damals in seiner heissen Anfangsphase. Derivate sind Finanzinstrumente, deren Wert von einer Basisgrösse abgeleitet wird. Diese Basisgrösse kann der Preis einer Aktie oder der Kurs einer bestimmten Währung sein. Das neue Geschäft bestand darin, Wertpapiere zu lancieren, die vom Basiswert abhingen – etwa eine Option, die zum Kauf einer Aktie oder Devise zu einem bestimmten Preis berechtigte. Das waren noch die einfacheren Geschäfte, auch wenn hier mit der Zeit immer komplexere Produkte auf den Markt kommen sollten. Noch komplizierter wurde es, wenn Kunden massgeschneiderte Lösungen für ihre Risiko-Probleme suchten, sogenannte exotische oder Designer-Derivate. Hier arbeiteten die führenden Banken mathematisch hochkomplexe Finanzprodukte aus wie etwa Aktienbeteiligungs-Programme für Mitarbeiter oder spezielle Absicherungs-Instrumente bei Firmenübernahmen.

Das neue Geschäft hatte seit Mitte der achtziger Jahre die Handelsabteilungen der Banken stark verändert. Für die alte Garde der Bankiers war es ein Gebiet, von dem sie nichts verstanden. Sie sahen nur mit an, wie sich in ihren Büros immer mehr Doktoren der Mathematik, der Nuklearphysik oder Statistik tummelten. Früher hätten diese noch abschätzig abgewunken, wenn ihnen eine Bank ein Angebot gemacht hätte. Für den Verkauf einer Staatsanleihe oder einer Nestlé-Aktie war nicht einmal ein Universitätsabschluss nötig, geschweige denn ein Doktorat. Jetzt wurden die hochspezialisierten Hochschulabgänger gebraucht und konnten viel Geld verdienen.

Die Schweizer Grossbanken, schon immer die internationalsten in Europa, sahen ihre Chance. Als erstes stieg der Bankverein ein. Das Derivategeschäft hatte seine Wurzeln in Chicago, dessen CBOT – Chicago Board of Trade – sich als innovativste Börse der Welt etabliert hatte. Der Bankverein kaufte dort den Derivatespezialisten O'Connor, der eine weltweite Vorreiterrolle auf diesem Gebiet inne hatte.

Auch die Credit Suisse baute auf Amerikaner, denn die hatten das neue Geschäft schliesslich entwickelt. Sie kaufte einen Mann ein, der zuvor bei der US-Bank Bankers Trust, damals die führende Adresse unter den Geschäftsbanken in dem neuen Geschäft, das Derivategeschäft geleitet hatte: Allen Wheat. Der brachte ein Dutzend treuer Weggefährten mit und baute in London die Derivatespezialistin CS Financial Products auf. Das war im Prinzip eine rein amerikanische Angelegenheit, und der schnelle

Erfolg gab Wheat die Machtbasis, um später mit seiner Gefolgschaft sukzessive das gesamte Investmentbanking der Credit Suisse zu übernehmen, bis er schliesslich Ende 1997 zum CEO der Credit Suisse First Boston ernannte wurde.

Die Bankgesellschaft dagegen ging einmal mehr ihren eigenen Weg. Natürlich wollte auch sie dabei sein bei dem neuen Geschäft, in dem sich so viel Geld verdienen liess. Cabiallavetta sah hier schnell seine Chance. Doch es hätte eben nicht der Kultur seiner Bank entsprochen, das Geschäft den Amerikanern zu überlassen. Er selbst jedoch war noch ein Händler der alten Generation – extrovertiert, dynamisch, laut, immer auf der Suche nach dem besten Preis. Die neue Generation mit ihren in sich gekehrten Wissenschaftlern, die stundenlang vor dem Bildschirm brüteten und in ihre Modelle eintauchten, war ihm fremd. Er selbst hatte ja nur einen einfachen Handelsabschluss, einen «Bachelor of Commerce» aus Kanada. Ein anschliessendes Masters-Programm in Kingston in der kanadischen Provinz Ontario «durchlief er», wie es in seinem offiziellen Lebenslauf heisst. Von Abschluss war nicht die Rede.

Zudem war er im vergleichsweise einfachen Devisengeschäft gross geworden, bei dem es vor allem darum ging, von Kursunterschieden auf den einzelnen Märkten zu profitieren und die Entwicklung der Kurse intuitiv vorauszusehen. Die neue Derivate-Welt war ihm nicht vertraut. Wenn er auch innerhalb der Generaldirektion schnell als der einzige Kenner des neuen Geschäftes galt, so dürfte es ihm von der Mentalität doch weitgehend fremd geblieben sein. Wenn er hier wirklich das Gold schöpfen wollte, musste er Unterstützung finden. Er brauchte einen Mathematiker, der es mit der blitzgescheiten neuen Generation aufnehmen konnte. Und der musste ein Schweizer sein, denn die Schweizer sollten weiterhin jedes Geschäft in ihrer Bank kontrollieren.

Diesen fand er in Hans-Peter Bauer. Der hatte an der ETH Zürich Mathematik studiert, dann promoviert und anschliessend in Basel ein Lizenziat in Ökonomie erworben. Als er 1985 bei der Bank eingestiegen war, war er der einzige Mathematiker im Frontbereich der Bank. Die beiden konnten kaum unterschiedlicher sein. Bauer stammte aus einer wohlhabenden Basler Familie und hatte nichts von der Aufsteigermentalität Cabiallavettas. Ein hemdsärmeliger Händler war er sicher nicht. In seiner Freizeit lernte er Arabisch. Cabiallavetta dagegen lebte vor allem seine Dynamik aus und hatte das Eishockey und Bergsteigen weitgehend gegen Golf eingetauscht, das er fast besessen betrieb.

Im Kreis um Cabiallavetta, der sich am liebsten mit Seelenverwandten umgab, wirkte der ruhige Akademiker Bauer wie ein Fremdkörper. Doch die beiden verband eine Art unausgesprochenes Abkommen: Bauer sollte das weltweite Derivate-Geschäft aufbauen, und mit den sprudelnden Profiten daraus würde er Cabiallavetta zum Chef der Bank machen. Und dann, so hoffte Bauer natürlich, würde er als Lohn Cabiallavettas Posten bekommen und als Generaldirektor für Handel und Risk Management in die Konzernleitung aufrücken.

Nun ging es darum, die richtige Mannschaft zusammenzustellen. Das Derivategeschäft liess sich in drei Bereiche aufteilen: Devisen-, Zinsen- und Aktienderivate. Am einfachsten gestaltete sich der Aufbau bei den Devisen. Das war ein Geschäft mit global handelbaren Währungen, ohne regionale Besonderheiten, das schon jetzt weitgehend zentral geführt wurde. Das Devisen-Derivate-Geschäft wurde Richard Silver übertragen, einem Händler, der in New York sass. Er würde in Zukunft immer solide, wenn auch nie enorme Profite abliefern. Probleme gab es hier nie. Doch das war das kleinste und unspektakulärste der drei Geschäfte. Schwieriger war es bei den Zins- und Aktienderivaten. Jeder Markt hatte seine Besonderheiten, und der Aufbau eines globalen Geschäfts war da eine enorme Herausforderung. Deshalb entschied sich Cabiallavetta, mit dem Aufbau des globalen Aktienderivategeschäfts zu beginnen. Das wurde zum Prototyp für ein global geführtes Geschäft, das erste in der Bankgesellschaft. So begann die sehr spezielle Beziehung zwischen Mathis Cabiallavetta und Ramy Goldstein.

Der war nach seinen militärischen Erfolgen in Israel in die USA übergesiedelt und hatte nach einem Finanz-Doktorat an der Eliteuniversität Yale für das Technologie-

Forschungsunternehmen Bell Laboratories gearbeitet. Zumindest in bezug auf seine Ausbildung gab es keine Parallelen zu dem Barings-Liquidator Leeson, denn der hatte nicht einmal studiert und hatte zudem miserable Schulnoten in Mathematik. 1987 hatte Goldstein zur CS First Boston in New York gewechselt. Dort erreichte er noch keine Führungsposition. Er profitierte vor allem von seinen Technologiekenntnissen, die er bei Bell Laboratories erworben hatte. Er war ein typischer Arbitrage-Händler: Mit einem hochklassigen Computersystem versuchte er, die Preisunterschiede zwischen den verschiedenen Märkten auszunutzen.

Wenn in Tokio eine Option billiger war als in New York, kaufte er sie hier und verkaufte sie dort. Dieses Geschäft machte er mit kotierten Aktienoptionen, und deswegen war er ein «equity derivatives trader», ein Aktienderivatehändler. 1991 engagierte dann Pierre de Weck, damals noch Chef der New Yorker UBS-Niederlassung, ein Team von 18 Leuten von der CS First Boston, um das Aktiengeschäft in New York aufzubauen. Chef dieses Teams war ein gewisser Mark Suvall. Und in diesem Team wechselte auch Goldstein zur UBS, allerdings noch immer ohne grosse Führungsverantwortung. Zunächst zog er auch dort seine Technologie-Arbitrage auf. Doch die Margen wurden immer kleiner.

Da stand die Entscheidung an, wer das globale Aktiengeschäft, den Prototyp des neuen Geschäfts, leiten sollte.

Und da schlug bei einem Treffen in Zürich Goldsteins grosse Stunde. Sein Auftreten war immer brilliant: Klare Argumentation, aggressiv, sehr professionell. In diesem Stadium war es nicht Cabiallavetta, der Goldstein gefördert hätte. Goldstein konnte einfach überzeugen, und zudem, so schien es, war er der einzige, der auf diesem Gebiet überhaupt Erfahrung hatte. Doch das war eben eine Fehlannahme, wie sich später herausstellen sollte. Denn auch Goldstein hatte bis dahin keine Erfahrung im Umgang mit hochkomplexen Marktrisiken. Er war ja ein einfacher Arbitrage-Händler gewesen, der von seiner Technologie profitiert hatte. Doch wer hätte das sehen können? Niemand kannte sich in diesem Geschäft aus. Und ein gesamtes System mit eigenen Kontrollmechanismen zu kaufen wie die Konkurrenten, das wollte die Bank ja nicht. Sie wollte selber die Kontrolle behalten.

So bekam Goldstein das Mandat, ein Aktienderivategeschäft aufzubauen und global zu führen. Doch da gab es ein zentrales Problem: Die Bankgesellschaft war regional organisiert. Kaum eine Bank kultivierte ein so ausgeprägtes Regionendenken, und das war durch die jüngste Restrukturierung noch gefördert worden (dazu später mehr). Jede der vier Auslandsregionen – Europa, Nordamerika, Asien und Japan – wurde praktisch wie eine kleine unabhängige Bank geführt. Die Regionenchefs pochten auf ihre Unabhängigkeit, besonders Lim Ho Kee in Singapur und Markus Rohrbasser in New York. Und jetzt kam

Goldstein, von Cabiallavetta geschickt, und nahm ihnen dieses hochprofitable Geschäft aus ihrem Gewinnausweis. Der machtbewusste Rohrbasser war darüber extrem aufgebracht. Er wollte nicht Cabiallavettas Aufstieg dienen. Hier lag der Hauptgrund für die herzlich gepflegte gegenseitige Abneigung der beiden. Lim Ho Kee dagegen war unter den Regionenchefs unbestritten Cabiallavettas Liebling und hatte sehr grossen Einfluss auf ihn.

Besonders auf zwei Gebieten hatte die starke Regionalisierung verheerende Auswirkungen. Da war einmal die Informatik. Jede Region hatte ihre eigenen Systeme. In der Schweiz hatte die UBS mit ihrem Abacus-System zwar die solideste Informatik-Plattform der drei Grossbanken, doch im Ausland herrschte praktisch Wildwuchs. Jede Bank organisierte ihre Informatik selbst. Es gab zwar Pläne zur Vereinheitlichung, doch die wurden nie umgesetzt. Das förderte nicht gerade die Abläufe. Die Übermittlung der E-Mails von London nach Tokio konnten bis zu 18 Stunden dauern, weil die Verbindung zwischen den einzelnen Reichen nicht klappte. Nachdem der kalifornische Bezirk Orange County 1994 bei Derivategeschäften Riesenverluste hinnehmen musste und die neuen Finanzinstrumente in der Öffentlichkeit deshalb grosse Skepsis hervorriefen, wollte ein Kunde eine Aufstellung aller seiner Derivate-Positionen bekommen. Das war durch die verzettelte Informatik unmöglich – der Auszug musste per Hand erstellt werden.

Und auch bei der Risikoüberwachung der Geschäfte gab es erhebliche Unterschiede zwischen den einzelnen Regionen. Ein Kontrolleur in Singapur hatte eine ganz andere Aufgabendefinition als derjenige in Zürich, und der verstand seine Arbeit wiederum anders als derjenige in New York. Eine einheitliche Methodologie, die es für ein globales Geschäft gebraucht hätte, gab es nicht.

Doch Goldstein war nicht der Typ, der sich von solchen Problemen bremsen liess. Für ihn war dieses Mandat eine Chance, die er sicherlich in keiner US-Investmentbank bekommen hätte. Er konnte praktisch eine eigene kleine Bank in der Bank aufbauen, und dazu konnte er sehr reich werden. Hochmotiviert verschrieb er sich der Aufgabe. Jeden seiner Mitarbeiter – am Ende waren es fast 150 – suchte er persönlich aus. In allen grossen Niederlassungen – London, New York, Zürich, Tokio, Singapur – sassen seine Mitstreiter, die nur auf ihn hörten. Abgänge gab es praktisch keine. Geleitet wurde die Gruppe von einem inneren Führungskreis von etwa zehn Personen, aufgeteilt zwischen London und New York. Sie alle waren Goldstein treu ergeben. Für ihn waren sie wie eine Familie.

Sein Führungsstil war in gewisser Weise noch immer militärisch, und das faszinierte die jungen Gierigen in der Finanzindustrie. «Wenn die Aufgabe gelautet hätte: Überfall auf ein Haus, hätte es keinen besseren als Ramy gegeben», berichteten Mitarbeiter, die länger intensiv mit ihm zusammengearbeitet hatten. «Für eine kurzfristige taktische Aufgabe war er unschlagbar. Er gab die Einsätze vor, teilte die Zuständigkeiten ein, machte nach zehn Tagen ein hartes Monitoring.» Mit dieser Effizienz scharte er auch seine Truppen um sich. Er, der aus einer Eliteeinheit beim Militär kam, baute eine Abteilung auf, die sich als die Elite der Bank verstand. Doch ausserhalb seiner verschworenen Gemeinschaft war er sehr verschwiegen. Von den anderen Abteilungen innerhalb der Bank kapselte er sich ab. An seinen Deals liess er niemanden ausserhalb seiner Abteilung teilhaben.

Die beiden Strukturprobleme – Kontrolle und Informatik – löste er auf seine Art. Weil er seine Abteilung praktisch unabhängig von aussen führen wollte, installierte er ein eigenes Risiko-Management, eine eigene Kontrolleinheit, die die Risiken für alle Geschäfte seines Departements einschätzen und somit auch kontrollieren sollte. Die Verantwortung übertrug er einem gewissen Alan Burstein, mit dem er schon bei der Credit Suisse First Boston zusammengearbeitet hatte. Burstein baute ein Team für die quantitative Analyse auf und war in gewisser Weise das Gehirn hinter Goldstein.

Und bei der Informatik war offensichtlich, dass die verzettelten UBS-Systeme für eine globale Sparte unbrauchbar waren. Schnell überzeugte der Technologiekenner Goldstein seine Vorgesetzten Bauer und Cabiallavetta, dass er sein eigenes System benötigte. Bei der CS First Boston hatte er mit dem Computersystem Next gearbeitet.

Das führte er jetzt global auch für seine Sparte ein. Im Prinzip hatte Goldstein sein eigenes Derivatehaus gebaut, vollkommen losgelöst von der Bank, doch mit Zugriff auf ihr Kapital. Bauer hatte bei sich in Zürich zwei Terminals stehen – den normalen der Bank und den von Goldsteins System. Das war die Goldmine, die ihn und Cabiallavetta nach oben bringen sollte.

Der Erfolg blieb nicht aus. Im Rekordjahr 1993 kam ein Drittel der Handelserträge aus dem Derivategeschäft, und da war das Aktienderivategeschäft klar der grösste Geldbringer. Der Gewinn der Abteilung dürfte bei 120 Millionen Franken gelegen haben. Goldstein hatte mit seinen gerade 100 Mitarbeitern knapp zehn Prozent des Gewinns der 28 000-Mitarbeiter-Bank erwirtschaftet. Er war der unbestrittene Star. Cabiallavetta konnte sich im November 1993 stolz vor die Presse stellen und behaupten: «Wir sind der Meinung, dass die erfolgreiche Implementierung der Strategie des SBG-Konzerns wesentlich von unserer Marktstellung auf dem Gebiet der Derivate abhängt.»

Dadurch hatten Cabiallavetta und Bauer weiter Rückenwind. Nach zwei Jahren Aufbauarbeit wurde am 1. Januar 1994 das gesamte Derivategeschäft unter Bauer als erste Einheit der Bank offiziell global geführt. Goldstein, inzwischen von New York nach London umgezogen, war der Chef für Aktienderivate, Richard Silver für die Devisen. Für die Zinsen gab es noch eine Doppellösung mit zwei Ko-Chefs: In New York war Sheldon Epstein verantwortlich, ein hochintelligenter Modelltheoretiker, der allerdings aus religiösen Gründen – er war praktizierender Jude und lehnte zu häufiges Reisen ab – nicht für eine globale Führungsrolle in Frage kam. Und in London sass ein Mann mit prominentem Namen: Nikolaus Senn, der einzige Sohn des Verwaltungsrats-Präsidenten gleichen Namens, ein exzellenter Swap-Händler, dem jedoch das quantitative Rüstzeug fehlte für den globalen Führungsjob.

Das Kalkül Cabiallavettas schien aufzugehen. Er startete brilliant in das Jahr 1994, in dem die Weichen für die Studer-Nachfolge gestellt werden würden. Auch Bauer konnte optimistisch sein, seinen Teil des unausgesprochenen Abkommens erfüllt zu bekommen: die Nachfolge Cabiallavettas. Doch hier lag auch gleichzeitig das Problem. Denn immer mehr Mitarbeiter der Derivate-Abteilung – sie war inzwischen auf knapp 500 angewachsen – fragten sich, ob ihre Sparte nicht eher den Karriereinteressen ihres Chefs als einem soliden Aufbau diente. Viele von ihnen waren gekommen, weil sie eine «UBS Financial Products» aufbauen wollten, eine robuste Plattform, die in der Weltliga mitspielen konnte, wie es der CS mit ihrer CS Financial Products gelungen war. Doch sie mussten feststellen, dass das kaum Cabiallavettas Ziel war. «Diese Plattform ist nicht in Beton gebaut», sagten sich langjährige Mitarbeiter.

Das zeigte sich zum einen an der Informatik. Die Tatsache, dass Goldstein sein eigenes System benutzte, machte die Fragmentierung der Plattform offensichtlich. Natürlich sah das auch Cabiallavetta. Er startete ein ambitioniertes Projekt namens CORE. Der Plan war einfach: Alle Produktegruppen seiner Handelssparte – Devisen, Aktien, Obligationen, Derivate, Edelmetalle – sollten über ein gemeinsames Middle-Office-System verbunden werden. Es war das «Ein-System-für-alles»-Denken, und das konnte für die so unterschiedlichen Bedürfnisse der einzelnen Produktegruppen kaum funktionieren. Wie sollte ein einfacher Devisenkauf in das gleiche System passen wie ein hochkomplexes Anleihegeschäft?

Delegationen flogen aus New York nach Zürich ein und baten Cabiallavetta, das Projekt zu beenden. «Erzählt mir nicht, wie ich die Informatik zu führen habe», war seine Antwort. Mehrere Jahre arbeiteten über hundert Leute unter der Leitung des Kanadiers Keith Iverson in Zürich an dem Projekt. Doch sie konnten das neue System gerade einmal für das Devisengeschäft, Cabiallavettas angestammtes Gebiet, vollständig implementieren. Im Aktien- und Obligationenbereich wurde viel Geld ausgegeben, ohne erkennbares Resultat. Vom Derivatebereich war das CORE-Projekt noch weit entfernt.

Der Widerstand auf praktisch allen Gebieten war enorm. Jeder wusste, dass das Projekt scheitern würde, doch Cabiallavetta hielt eisern daran fest. Bis zum Sommer 1997 stand Iverson bei der UBS auf der Gehaltsliste, dann wechselte er zur «Zürich»-Versicherung. Es war ein totaler Fehlschlag, der die Bank einen ordentlichen dreistelligen Millionenbetrag gekostet haben dürfte. Doch das Hauptproblem von CORE war nicht einmal, dass es nicht funktionierte. Schlimmer war, dass es den Grossteil des Informatik-Etats der Sparte absorbierte, und damit die dringend benötigten Verbesserungen in den einzelnen Produktegruppen weitgehend blockierte.

Die schwache Informatik hatte auch einen grossen Einfluss auf das zweite Problem der Sparte, das noch gravierender war als das erste – die Kontrolle. Das ist ein hochkomplizierter Bereich. Wohl über kaum ein Bankgebiet haben so viele Spezialisten so viele komplizierte Bücher geschrieben. Schon die genaue Definition ist umstritten und nicht in jeder Bank einheitlich. Doch die Idee ist überall identisch: Es geht darum, die Händler wirksam zu kontrollieren, damit die nicht zu grosse Risiken eingehen, welche die Bank gefährden könnten. Dabei unterscheidet man die Risiko-Messung (Risk Measurement im Englischen), bei der die Bank verschiedene Risikoklassen wie Marktrisiken oder operationelle Risiken identifiziert und quantifiziert und die eigentliche Risiko-Kontrolle (Risk Control), bei der die Bank die Risiken, die ihre Händler eingehen, mit ihren Vorgaben vergleicht. Der Überbegriff, der beides umfasst, heisst in den meisten Banken Risiko Management (Risk Management).

Hinter all dieser Komplexität steht jedoch ein simples Grundprinzip: Niemand kann sich selbst wirksam kontrollieren. Ein Händler, dessen Bonus davon abhängt, wieviel Geld er für seine Bank verdient, kann nicht gleichzeitig darauf achten, dass er nicht zu grosse Risiken eingeht. Er wird immer grosse Risiken eingehen, denn wenn er Gewinne macht, schnellt sein Bonus in die Höhe, macht er jedoch grosse Verluste, verliert er im schlimmsten Fall seinen Job – die Verluste übernimmt die Bank. Ein Händler, der sich selbst kontrollieren soll, steht deshalb in einem ständigen Interessenkonflikt. Er ist wie ein Alkoholiker, dem man den Schlüssel zur Hausbar gibt und ihm sagt, er solle doch vernünftig damit umgehen. Das war die Lehre aus dem Barings-Debakel: Der Kontrolleur muss vollkommen unabhängig sein von demjenigen, der die Risiken eingeht. Leeson hatte entgegen diesem Prinzip mit seinem Kontrolleur gemeinsame Sache gemacht.

So war unbestritten: Die interne Kontrolle, die Goldstein mit dem auf ihn eingeschworenen Alan Burstein in seinem Departement eingeführt hatte, war nicht genügend. Es brauchte noch eine wirklich unabhängige Kontrolle von aussen. Das war auch Goldstein klar und zudem von den Aufsichtsbehörden so verlangt. Und hier fingen die Probleme an. Cabiallavetta hatte die Kontrolle seiner gesamten Sparte einem alten Weggefährten aus dem Devisengeschäft namens Werner Zimmermann übertragen. Der rapportierte direkt an ihn. Schon das war grundsätzlich sehr fragwürdig, denn es duplizierte nur das Problem, das Goldstein hatte, auf einer höheren Stufe.

Cabiallavetta brauchte gute Ergebnisse, um nach oben zu kommen, war aber gleichzeitig für die Kontrolle verantwortlich. Er selbst hatte also einen jener beschriebenen Interessenkonflikte, wenn er auch nicht selbst Händler war. Eine wirklich wirksame unabhängige Kontrolle war somit unmöglich. Die amerikanischen Investmentbanken hätten eine derartige Struktur nicht zugelassen. Dort würde der Kontrolleur aus der Sparte heraus an einen unabhängigen Finanzchef rapportieren, oder es gäbe einen unabhängigen Risiko-Manager, der ausserhalb der Sparte angesiedelt wäre. In der Folgezeit würde Cabiallavetta von hochrangigen Managern seiner Bank mehrfach auf dieses Problem hingewiesen werden, auch von Aufsichtsbehörden. Er ging jedoch nie dagegen vor.

Doch es gab noch ein weiteres Problem. Zimmermann war zu Beginn der achtziger in den Devisenbereich gekommen, als Cabiallavetta selbst dort noch einfacher Direktor war. Er hatte praktisch im Schlepptau Cabiallavettas Karriere gemacht. Die beiden Männer standen sich sehr nah. Cabiallavetta hatte ihn zum Kontrolleur des Devisengeschäfts gemacht, doch das war ein vergleichsweise simples Geschäft. Die hochkomplexen Deals Goldsteins jedoch waren da eine ganz andere Sache. Schon Cabiallavetta fühlte sich in ihnen lange nicht so heimisch wie im Devisengeschäft. Bei Sitzungen musste er zuweilen schon nachfragen, und die Überlegenheit seiner Starhändler auf diesem Gebiet hatte er sicherlich eingesehen.

Wie sollte Zimmermann da den hochintelligenten Goldstein und dessen erstklassiges Team wirksam kontrollieren? Hier prallte ein Mann der alten Händlerschule frontal auf die neue Technologie-Generation.

Die Diskrepanz war enorm, das war offensichtlich und in der Sparte ein offenes Geheimnis. Zudem hatte Zimmermann ja nicht nur das Derivategeschäft unter sich, sondern den gesamten Handel. Für die Kontrolle des GED, Goldsteins Abteilung, war er kaum geeignet. Also stellte Cabiallavetta 1993 einen erfahrenen Risiko-Kontrolleur ein, Andrew Wright, der zuvor acht Jahre bei der US-Investmentbank Morgan Stanley gearbeitet hatte. Auch ihn überzeugte er mit einem tiefen Blick in die Augen und signalisierte ihm damit Unterstützung bei allfälligen Konflikten. Das Scheitern dieses hochintegren Mannes im Kampf um eine professionelle Kontroll-Struktur sollte Symbolcharakter haben.

Wright machte sofort eine Bestandesaufnahme, und die präsentierte er Cabiallavetta und Bauer. Das dringendste Problem war die Informatik. Goldstein war mit seinem eigenen System so weit voraus, dass die Kontrolle mit dem Standardsystem der Bank unmöglich war. Also installierte auch Wright ein eigenes System. Das war zwar ein Fortschritt, doch weil die Komplexität von Goldsteins Geschäften immer weiter zunahm, blieb er immer einen Schritt hinter dem Starhändler zurück. Wright warnte mehrmals ausdrücklich. Der gegenwärtige Zustand sei miserabel, die Gefahr gross. Bei diesem Umfeld mit der schwachen Informatik liege das Risiko für ein Kontroll-Versagen bei über 70 Prozent, besonders wenn Goldstein sich weiter in immer schwieriger zu kontrollierende Bereiche vorwage.

Doch Cabiallavetta wollte Goldstein nicht bremsen. Er brauchte ja seine Profite. Und zudem hatte er grossen Respekt vor dessen Aufbauleistung und vertraute ihm. Das war der klassische Fall, in dem sich der Interessenkonflikt zeigte. Denn hätte es einen wirklich unabhängigen Kontrolleur ausserhalb der Sparte gegeben, hätte der erst einmal gesagt: «Halt, bevor wir die Risiken weiter erhöhen, verbessern wir erst die Kontrolle.»

Wright stiess zudem sofort auf ein anderes Problem. Wie sollte er eine globale Sparte in einem regional geführten Konzern kontrollieren? Goldsteins Team machte Deals in allen grossen Niederlassungen der Bank. Doch es gab ja keine einheitliche Kontroll-Methodik – ein Risk Manager etwa in New York hatte ein ganz anderes Verständnis als ein solcher in Tokio oder Singapur. Wright ging zu Cabiallavetta und erklärte ihm das. «Dann komm nach Zürich und baue eine einheitliche Methodik auf», sagte dieser Wright. Das zeigte, dass Cabiallavetta grundsätzlich schon an Kontrolle interessiert war. Bloss an der konsequenten Umsetzung sollte es mangeln. Wright kam nach Zürich und reiste von dort aus zwei Jahre lang rund um die Welt, um eine einheitliche Methodologie aufzubauen. Für die Kontrolle von Goldstein fiel er praktisch aus.

Doch währenddessen stand Goldstein natürlich nicht still. Rein formal war weiterhin Zimmermann für seine Kontrolle zuständig. Doch Bauer war das zu unsicher. Er sah die Schwächen von Zimmermann und dessen Team und brachte das auch mehrmals belegbar gegenüber Cabiallavetta zum Ausdruck. Doch Cabiallavetta wollte seinen langjährigen Weggefährten Zimmermann nicht entmachten. So war er eben – Loyalität und Treue waren für ihn sehr wichtig.

Also handelte Bauer. Obwohl er eigentlich nur für das Ergebnis des Geschäfts zuständig war, nicht aber für dessen Überwachung, installierte er auf eigene Faust eine Kontrolle für seine drei Derivate-Einheiten. Er stellte sich ein Team um den Mathematiker Federico Degen zusammen. Dieses sollte jetzt die Geschäfte von Goldstein und auch vom Zinsderivate-Chef Epstein überprüfen. Bauer sah das als einzig mögliche Schutzmassnahme vor Zimmermann. So gab es innerhalb der Sparte praktisch zwei Risiko-Überwachungs-Einheiten, eine unter Zimmermann, eine unter Bauer. Zimmermann rapportierte direkt an Cabiallavetta, Bauers Gruppe um Degen an ihn und Zimmermann.

Doch auch das war sehr problematisch, auch wenn es eine klare Verbesserung darstellte. Bauers Team, das Goldstein und Epstein kontrollieren sollte, hatte zwar erstklassige mathematische Fachkenntnisse, doch Degen hatte niemals selbst als Händler gearbeitet. Bei der Einschätzung von Marktrisiken war sein Verständnis gering. Zudem fehlte es Bauer und seinem Kontrollteam auch psychologisch an Stärke, um sich durchzusetzen. Für Goldstein und Epstein waren sie die Schweizer Akademiker ohne Wall-Street-Erfahrung. Die wollten ihnen etwas sagen?

Auch war die Struktur niemals wirklich effizient. Bauers Kontrolleure und die von Zimmermann machten teilweise die gleiche Arbeit. Es gab grosse Überschneidungen. Und vor allem, wie schon mehrfach betont: Die Kontrolle war nicht wirklich unabhängig, denn Zimmermann rapportierte weiter an den Spartenchef – Cabiallavetta – der mehr an Profiten als an guter Kontrolle interessiert war. Immer wieder wies Wright in Memos und Präsentationen auf diese Unzulänglichkeiten hin. Cabiallavetta, Bauer und Goldstein hörten ihn an. Doch es geschah nichts.

Warum hörte Cabiallavetta nicht auf Wrights Empfehlungen? Darüber liess sich nur spekulieren. Zum einen hätte er Zimmermann entmachten müssen, und das war für ihn ein zu harter Schritt. Zum anderen hätte es einen grossen Machtverlust bedeutet, wenn sein Kontrolleur nicht mehr an ihn, sondern ausserhalb der Sparte rapportiert hätte. Seine Abhängigkeit von Goldstein wäre dann in der Geschäftsleitung sehr deutlich zu Tage getreten.

Zudem, da hatte Cabiallavetta recht, gab es auf Konzernleitungsebene niemanden, an den ein unabhängiger

Kontrolleur hätte rapportieren können. Einen Finanzchef hatte die Bank zu dem Zeitpunkt – vor Juli 1996 – noch nicht. In der Konzernleitung sträubte sich besonders der Logistik-Chef Grete, der eine konzernweite Buchführungs-Einheit unter sich hatte, gegen die Installierung eines unabhängigen Finanzchefs, denn das wäre für ihn ein Machtverlust gewesen. Und schliesslich war das Geschäft ja auch noch im Aufbau. Da konnte eben noch nicht alles perfekt sein. Vielleicht spielte hier auch die Persönlichkeit Cabiallavettas eine Rolle. Er, der in der überschaubaren Devisenwelt gross geworden war, hatte grosse Ehrfurcht vor Goldstein und seinen hochkomplexen Geschäften. Eine harte externe Kontrolle hätte Goldstein vielleicht als Zeichen von Misstrauen und deshalb als Affront empfunden. Anlegen wollte sich Cabiallavetta mit seinem Superstar nicht.

Zudem stand Cabiallavetta mit seiner Struktur nicht allein da. Wenn auch die grossen amerikanischen Investmentbanken alle eine unabhängige Kontrollfunktion hatten, so waren viele europäische Häuser noch so organisiert wie seine Bank. Selbst sein Freund Marcel Ospel, damals noch Chef des internationalen Geschäfts des Bankvereins, hatte die Struktur zu dieser Zeit noch so organisiert, dass sein Risiko-Kontrolleur an ihn und nicht an jemanden ausserhalb der Sparte rapportierte. Beim Bankverein hiess diese Funktion Risk Control. Doch da gab es trotzdem zwei entscheidende Unterschiede: Ospel hatte mit dem früheren O'Connor-Mann Robert Gumerlock einen der besten Kontrolleure der Branche, der unbestritten in einer anderen Liga als Zimmermann spielte. Und vor allem: Gumerlock hatte Zugang zum Innersten der Geschäfte seiner Händler.

Eben das hatte bei der Bankgesellschaft niemand. Goldstein setzte auf Autonomie, und das wurde von oben gefördert. Cabiallavetta sperrte sich dagegen, an seinem Golden Boy zu kratzen. «Cabiallavetta war immer klar auf Goldsteins Seite», erinnerte sich Wright in einem Gespräch mit dem Autor im April 1998. «Wenn jemand eine andere Meinung als Goldstein hatte, bekam Goldstein praktisch immer Cabiallavettas Unterstützung.» Es gab zahlreiche Memos gegen die zu grosse Eigenständigkeit Goldsteins. Rudi Müller etwa, langjähriger London-Chef der UBS und zuletzt Chairman, soll mehrfach vor Goldstein und dessen zu grosser Autonomie gewarnt haben. Doch Cabiallavetta blockte ab. «Goldstein ist der beste Manager der Bank», soll er auf Asien-Reisen erzählt haben. «Goldstein war ein sehr professioneller Typ. Ich war stolz auf ihn gewesen», sagte Cabiallavetta lediglich im bereits erwähnten Gespräch mit dem Autor. Eine Freundschaft habe jedoch nicht bestanden. Belegt ist allerdings, dass er ihn auch in dessen Londoner Haus besuchte.

Es gab also Parallelen zu Barings, und das musste dem Spartenchef Cabiallavetta als Verantwortlichem klar gewesen sein. Zwar trat er am Tag der Barings-Pleite Ende

Februar 1995 selbst in der Schweizer Nachrichtensendung «10 vor 10» auf und lobte die «unabhängige Kontrolle» innerhalb seiner Bank. Doch genau das war der Punkt – diese Kontrolle war eben in wesentlichen Punkten nicht wirklich unabhängig und auch nicht durchsetzungsstark, und das auf mehreren Ebenen. Zudem schien wie im Fall Barings das Denken vorgeherrscht zu haben: «Stelle keine Fragen, solange das Geld fliesst. Verärgere deine intelligenten Goldesel nicht mit Kontrolleuren, die ihnen in die Geschäfte hineinreden wollen. Denn sonst wandern die noch zur Konkurrenz ab, und mit den eigenen Karriereträumen ist es vorbei.»

Doch dann kam der erste Warnschuss. Ende 1994 bekam Cabiallavetta einen Anruf aus New York. «Ihr bietet hier Swaps weit unter den Marktpreisen an», warnte ein Marktteilnehmer. Es ging um die Abteilung von Sheldon Epstein, dem hochintelligenten und ebenfalls extrem selbstbewussten New Yorker Chef für Zins-Derivate. Bauer und ein Mathematiker der ETH Zürich flogen nach New York und überprüften Epsteins Modell. «Alles in Ordnung», meldeten sie.

Dann kündigte Epstein auf einmal. Als sein Nachfolger Anfang Mai 1995 seine Positionen untersuchte, bekam er einen Schock. In den letzten zwei Monaten vor seinem Abgang hatte Epstein, jeglichen Kontrollen immer einen Schritt voraus, unsauber gearbeitet. Ob er in einer Panikreaktion keinen anderen Ausweg mehr gesehen oder kühl kalkuliert so gehandelt hatte, war nicht klar. Der interne Prüfbericht hielt zumindest fest, dass er seine Modelle vorsätzlich nicht den Marktbedingungen angepasst hatte. Als kurze Zeit später die ersten Gerüchte über die Verluste aufkamen, dementierte die Pressesprecherin Gertrud Erismann: «Es sind niemals Verluste in dreistelliger Millionenhöhe.» Der Verlust betrug knapp 150 Millionen Franken. Dass die Kontrolle der Bank versagt hatte, war offensichtlich.

Solche Pannen waren in einer Aufbauphase normal, und es gab wohl keine Bank, die sie nicht irgendwann erleiden musste. Doch die entscheidende Frage war: Welche Lehren wurden daraus gezogen? Eigentlich gab es für eine solide Bank nur zwei Möglichkeiten: Entweder zog sie sich aus den Geschäften zurück, die sie nicht kontrollieren konnte, oder sie verschärfte drastisch die Kontrolle. Als bei Merrill Lynch 1987 ein Händler einen Verlust von über 300 Millionen Dollar einfuhr, griff der damalige Chef Dan Tully eisern durch. Er installierte einen unabhängigen Risk Manager, Dan Napoli, der einen Sitz in der Geschäftsleitung hatte und vollkommen unabhängig von der Handelsabteilung operierte, allerdings vollen Einblick in alle Handelsgeschäfte hatte und sogar Positionen, die ihm zu gefährlich erschienen, eigenmächtig absichern konnte. Napoli bekam seinen Bonus dafür, dass er Unfälle vermied. «Das darf nie wieder passieren», war Tullys unmissverständlicher Kommentar. Seitdem hat Merrill Lynch, Vorbild der gesamten Branche, keinen Handelsverlust mehr gehabt.

Doch was lernte die UBS? Die lokalen Kontrollen in New York wurden verbessert. Eine wirklich unabhängige Kontrolle einzuführen jedoch, die ausserhalb der Handelssparte operierte wie bei Merrill Lynch, weigerte sich Cabiallavetta weiterhin. Zurückziehen wollte er sich jedoch aus dem hochprofitablen Geschäft auch nicht. Epstein war im Vergleich zu dem, was kommen sollte, nur ein kleiner Verlust. Doch die strukturellen Probleme waren die gleichen: Da war ein Mann, der mehr von dem Geschäft verstand als seine Schweizer Herren, und den liess man machen und freute sich über seine Gewinne. Cabiallavetta hatte sich die Finanzhaie der Wall Street an Bord geholt, jedoch ohne die Kontrollmechanismen der Wall-Street-Häuser. Er setzte vor allem auf Vertrauen. Dass Kontrolle besser ist, hätte ihm spätestens der Fall Epstein zeigen müssen. Doch er sah die Warnsignale nicht. Das sollte sich rächen.

5. Die Goldmine versiegt

Wie die wichtigste Derivate-Abteilung
zusammenbrach und welche Verantwortung
die Konzernleitung dafür trug.

Zunächst jedoch war Cabiallavettas persönliches Kalkül aufgegangen. Am 17. Mai 1995 bestimmte ihn der Verwaltungsrat offiziell zum neuen Konzernchef. Dazu hatte das Derivategeschäft mit seinem Star Goldstein entscheidend beigetragen. Der liess dann in kleinem Kreise auch keinen Zweifel an seiner Bedeutung: Dass Cabiallavetta ganz nach oben gekommen sei, habe er vor allem ihm zu verdanken.

Doch der zweite Teil der ungeschriebenen Abmachung mit seinem Derivate-Chef Bauer erfüllte sich nicht. Einen Tag vor der öffentlichen Bekanntgabe seiner Nominierung rief Cabiallavetta diesen um sieben Uhr morgens in sein Büro. «Du hast hervorragende Arbeit geleistet», teilte er ihm mit. «Doch zu meinem Nachfolger habe ich Werner Bonadurer bestimmt.» Bauer war geschockt. Vier Jahre lang hatte er hart für Cabiallavetta gearbeitet und hervorragende Resultate vorgewiesen, doch jetzt blieb die erwartete Belohnung aus. Auch Cabiallavetta schien unwohl zu sein bei diesem Schritt – hätte er sonst einen so verdienten Mitarbeiter erst einen Tag vor der offiziellen Nominierung Bonadurers informiert? Dieser Stil missfiel auch Bauers Mitarbeitern. Und es kam noch etwas hinzu: Bauer konnte seinen zukünftigen Vorgesetzten fachlich nicht akzeptieren.

Bauer war nicht der einzige, der sich über diesen Entscheid Cabiallavettas wunderte. «Keep the best and change the rest», war ja das Motto des Graubündners bei seinem Antritt als Konzernchef. Bonadurer, Cabiallavettas erste Personalentscheidung als designierter Konzernchef, sollte also einer jener Manager von morgen sein, mit denen die Bank in der globalen Weltliga mitspielen sollte? Der Mann aus dem graubündnerischen Versam, Jahrgang 1954, hatte in Chur bei der Berner Versicherung eine KV-Lehre gemacht. Im Alter von 20 Jahren kam er zur SBG im graubündnerischen Arosa, wo er in der Kommerzabteilung arbeitete.

Vor allem jedoch fiel der Bonni, wie er in dem kleinen Wintersportort nur genannt wurde, durch seine Eishockey-Künste auf. Er spielte in der ersten Mannschaft des EHC Arosa, die 1977 den Wiederaufstieg in die erste Schweizer Klasse, die Nationalliga A, schaffte. In der ersten Saison nach dem Aufstieg war er Stammspieler und brachte es auf sechs Tore, was für einen Stürmer nicht gerade eine berauschende Ausbeute war. Doch Bonadurer war dem Club auch auf andere Art zu Diensten. Natürlich hatte der Verein seine Bankverbindung bei der SBG, und Bonadurer, wie es in einer Club-Zeitschrift aus dem Jahr 1977 hiess, betreute «als versierter Bankfachmann auch die Mannschaftskasse des ersten Teams.»

Die Eishockey-Leidenschaft verband ihn mit Cabiallavetta. Der hatte in seinen jungen Jahren in der Kantonsschule in Chur auch draufgängerisch gespielt. Der Bonni und der Cabi, wie Cabiallavetta seinerseits in seiner bündnerischen Heimat genannt wurde, waren auf einer Wellenlänge, das war schnell klar. Es war nicht nur die gemeinsame Herkunft, die bei Graubündnern, wenn sie aus den Bergen in die Stadt Zürich kamen, eine grössere Rolle spielte als bei anderen Schweizern. Beide stammten aus einfachen Verhältnissen, beide versprühten Dynamik, beide galten als durchsetzungsstarke Machertypen. Bonadurer war der Typ, der sich damit brüstete, nur drei Stunden zu schlafen, weil er so viel arbeitete. Cabiallavetta war sein Vorbild, und da gehörte es sich, dass auch er später vom Eishockey zum Golf wechselte, wie von Cabiallavetta vorexerziert.

Entdeckt hatte ihn Cabiallavetta als Stabschef des internationalen Kommerzgeschäfts, wo Bonadurer nach der HWV in Zürich und zwei Jahren in der New Yorker Kommerzabteilung gelandet war. 1990 machte ihn Cabiallavetta zu seinem Stabschef, 1993 schickte er ihn als Niederlassungsleiter nach Hong Kong. In der Handelssparte war es ein offenes Geheimnis, dass Cabiallavetta mit Bonadurer Grosses vorhatte. Wollte er ihn etwa gezielt aufbauen, so wie früher Senn Studer und Studer dann ihn systematisch gefördert hatte? Hartnäckig hielt sich zumindest das Gerücht, Cabiallavetta habe Bonadurer schon vor dessen Einsatz in Hong Kong die Nachfolge versprochen. Dort soll er, so erzählten sich die Mitarbeiter aus der Handelsabteilung, vor allem die Logistik geleitet haben.

Geschäftserfahrung jedoch hatte Bonadurer bis dahin – wenn überhaupt – nur im Kommerzgeschäft gesammelt. Die hochkomplexen Geschäfte seiner Starhändler in London oder New York waren für den Mann mit der KV-Lehre praktisch eine neue Welt, auch wenn er sehr wissbegierig war und sich schnell einarbeitete. Fronterfahrung als Händler wie Cabiallavetta hatte er nicht. Fachlich, das war offensichtlich, war er Bauer – und sehr vielen anderen Mitarbeitern seiner Sparte – deutlich unterlegen.

So übertrug Cabiallavetta die einzige Sparte, in der die Bank mit ihrem Kapital in grossem Ausmass spekulierte und die deshalb unbestritten ihr grösster Risikoträger war, an jemand, der nur wenig Erfahrung auf diesem Gebiet hatte. Die Auswahl Bonadurers war einmal mehr typisch für Cabiallavetta. Unbedingte Treue und Loyalität waren ihm wichtiger als Fachkompetenz – das war eben seine Version des Seilschaftsdenkens. Weil auch innerhalb der Bank die Nicht-Berufung Bauers Erstaunen auslöste, gab es Spekulationen, der Epstein-Verlust habe Bauer die Cabiallavetta-Nachfolge gekostet. Doch das war schon zeitlich unmöglich, denn dieser Verlust kam erst zum Vorschein, als Cabiallavettas Entscheidung für Bonadurer längst gefallen war. Cabiallavetta schien keinen starken Nachfolger zu wollen, das signalisierte er mit Bonadurers Nominierung. Er wollte einen Seelenverwandten, der ihm ergeben war – eben seinen Stabschef. So konnte er seine Sparte praktisch weiter leiten.

Das fragile Gleichgewicht in der Handelssparte wurde mit der Nominierung Bonadurers empfindlich gestört. Die Sparte war von Cabiallavetta aufgebaut worden, ihn akzeptierten alle als Leitwolf. Bonadurer war dagegen sein Assistent, und als einen solchen sahen ihn auch viele nach seiner Beförderung weiterhin. Als den «etwas kleinen Flügelstürmer Bonadurer» hatte ihn einst sein Eishockey-Trainer beschrieben; jetzt galt er wegen seiner geringen Körpergrösse als der «kleine Klon» Cabiallavettas. «Er kam nie von seiner Rolle als Stabschef weg», berichteten enge Mitarbeiter. «Er mischte sich in alles ein, konnte nichts delegieren.» Im Sommer 1997 bekam Bonadurer die Quittung – vier Vizedirektoren, der Stab, mit dem er angetreten war, suchten sich eine andere Stellung innerhalb der Bank oder kündigten.

Doch vor allem zwei Schlüsselfiguren der Sparte akzeptierten Bonadurer nicht. Da war einmal Bauer. Tief gekränkt von seiner Nicht-Berücksichtigung und der offensichtlichen Günstlingswirtschaft, entzog er sich Bonadurer. Er ging dorthin, wo das Geschäft war – nach London. Von dort aus führte er seit Januar 1996 de facto das Geschäft der Sparte. Zunächst hatte er weiterhin die drei Derivatesparten unter sich, und die erzielten schon mehr als die Hälfte der Erträge. Doch dann sollten die Derivatesparten mit ihrem Basisgeschäft verschmolzen werden – die Zinsderivate mit dem traditionellen Zinsengeschäft, die Devisenderivate mit dem Devisenhandel. So hatte es der Bankverein gemacht, der bereits seit längerem alle drei Sparten integriert führte. Also übernahm Bauer auch noch das Zinsen- und Devisengeschäft. Bloss die Verschmelzung von Aktiengeschäft und Aktienderivaten war noch nicht beschlossen, da weigerte sich Goldstein.

So sollte Bauer bis Mitte 1997 das gesamte Geschäft der Sparte, ausser dem Aktienhandel, unter sich haben, insgesamt knapp 80 Prozent der Erträge. Die restlichen 20 Prozent lagen bei den regionalen Aktienchefs, und auch die, vor allem Mark Suvall in New York und Hector Sants in London, liessen sich nicht gerne dreinreden. Bonadurer war weitgehend vom Informationsfluss abgeschnitten. Immer wieder gab es Diskussionen, er müsse doch nach London ziehen, wenn er die Sparte wirklich leiten wolle. Die regelmässigen Treffen mit den Chefs der Produktegruppen, die sogenannten «functional adviser meetings», von Cabiallavetta eingeführt, fanden schon längst nicht mehr statt. Bonadurer war der Statthalter in Zürich, der bei den wöchentlichen Konzernleitungssitzungen vom Freitag die Sparte vertrat.

In Tat und Wahrheit jedoch hatte Bauer die Macht. Das führte zu einer wenig effizienten Struktur, das war offensichtlich. Denn wenn eine Bank globale Sparten etablieren wollte, brauchte es die Chefs dieser globalen Sparten und einen Vorgesetzten, dem sie rapportierten. Bei der Bankgesellschaft rapportierten sie jedoch an Bauer – er selbst führte ja keine globale Sparte – der wiederum an Bonadurer rapportierte. Das war das Ergebnis der Nominierungen Cabiallavettas. Er wollte seinem engen Vertrauten Bonadurer den Top-Job geben, gleichzeitig konnte er aber denjenigen, der ihn eigentlich verdient hätte, nicht aus der Sparte entfernen. Das war typisch für Cabiallavetta und die Bank, und eine ihrer entscheidenden Schwächen: Erst kamen die Personen, dann die Geschäftslogik. «Die Organisations-Strukturen richteten sich nach den Personen und nicht nach organisatorischer Logik», erinnerte sich der langjährige Risiko-Kontrolleur Wright im April 1998.

Zusätzlich akzeptierte auch der Chef-Kontrolleur Zimmermann Bonadurer nicht. Cabiallavettas Autorität war für Zimmermann immer unbestritten. Bonadurer dagegen, mehrere Jahre jünger als Zimmermann, hatte unter dessen Augen als Assistent Cabiallavettas begonnen, und das blieb er für ihn auch weiter. Die Spannungen zwischen den beiden waren enorm. Die Situation war für Bonadurer extrem schwierig. Dadurch näherte er sich sogar Bauer an. Der hatte ja schon immer die Qualität der Kontrolle unter Zimmermann kritisiert und sich deswegen sein eigenes Risk-Management-Team zusammengestellt. Jetzt wollte Bonadurer Zimmermann auswechseln. Das lag zum einen in den Spannungen zwischen den beiden begründet, zum anderen aber auch in der Tatsache, dass Bauers Kritik an Zimmermann in der Sache berechtigt war. Die Sparte stand bei der Kontrolle einfach nicht auf solidem Grund. Dass das Risk-Management ungenügend war, war ein offenes Geheimnis. Jetzt war er, Bonadurer, der Chef der Handelsabteilung, und für jeden Verlust würde er verantwortlich gemacht werden.

Also begann Bonadurer, nach einem Risk Manager zu suchen. Er flog nach New York und interviewte dort Kandidaten, auch in London schaute er sich um. Doch was sollte dieser neue Risk Manager genau tun? Natürlich, er sollte Zimmermann ersetzen. Doch nicht nur das. Bonadurer wollte mit dem neuen Mann auch sein zweites dringendes Problem lösen: Er war weitgehend abgeschnitten von den Londoner Geschäften. Wenn er jetzt einen Risk Manager installieren würde, der vollkommenen Zugang zu den Londoner Geschäften hätte und an ihn rapportieren würde, hätte er ein Mittel, um seine Isolation zu beenden. Er brauchte die Kontrolle also auch aus eigenen Motiven. Das widersprach natürlich vollkommen dem grundsätzlichen Prinzip, dass die Kontrolle an jemanden ausserhalb der Sparte rapportieren muss, um einen Interessenkonflikt zu vermeiden. Ein Headhunter, mit dem

Bonadurer Kontakt aufgenommen hatte, wies genau darauf hin. Der neue Risk Manager müsse in der Konzernleitung sitzen und dürfe nicht an Bonadurer rapportieren. Doch Bonadurer ging darauf nicht ein – wenn der neue Mann nicht an ihn rapportieren würde, hätte er ja praktisch überhaupt keine Macht mehr.

In diesem Punkt kam es auch zu Spannungen mit Wright, der ja von Cabiallavetta eingestellt worden war, um eine solide Kontrollstruktur zu etablieren. Der hatte in den letzten Jahren die Kontrollsysteme in den einzelnen Niederlassungen entscheidend verbessert, und hier zählte die Bankgesellschaft im Vergleich zu den Konkurrenten sicherlich zur Spitzenklasse. Doch den aus seiner Sicht entscheidenden Schritt hatte Cabiallavetta noch immer nicht gemacht: Das Risk Management der Handelssparte rapportierte weiterhin an den Spartenchef und war deshalb nicht unabhängig. Wright hatte immer darauf gedrängt, dass der Kontrolleur direkt an die Konzernleitung rapportierte, vorzugsweise an den Finanzchef. Das war eine Variante des Merrill-Lynch-Modells.

Jetzt konnte sich Cabiallavetta auch nicht mehr damit herausreden, es gäbe keinen Finanzchef – er selbst hatte ja Felix Fischer, auch dieser ein alter Weggefährte aus der Devisenabteilung, im Juli 1996 zum Chief Financial Officer – CFO – gemacht. Und hier zeigte sich einmal mehr der Unterschied zwischen Ospel und Cabiallavetta. Ospel hatte nach seinem Amtsantritt seinen Oberaufseher

Robert Gumerlock aus der Handelssparte herausgenommen und ihn direkt im Corporate Center angesiedelt. Gumerlock rapportierte jetzt nicht mehr an den Chef des Investmentbankings und war somit wirklich unabhängig. Das war die Struktur, wie sie die amerikanischen Vorbilder praktizierten.

Cabiallavetta hätte zu diesem Zeitpunkt genau das auch tun können, er war ja von mehreren hochrangigen Mitarbeitern schon dazu aufgefordert worden. Doch nichts dergleichen geschah. Zwar installierte Cabiallavetta einen sogenannten Risk Council, dem er, Fischer und Bonadurer angehörten. Da war der alte Club aus der Handelssparte mit dem Leitwolf Cabiallavetta wieder zusammen. Doch das war kaum mehr als Kosmetik. De facto änderte sich nichts. Das Risk Management der Handelssparte, die Überwachung der heissesten Geschäfte der Bank, rapportierte weiter an den Spartenchef Bonadurer. «Auf der höchsten Führungsstufe gab es eine Art Vetternwirtschaft, und deswegen wurde die Organisationsstruktur nie logisch», erinnerte sich Wright. «Das hat zu den späteren Problemen entscheidend beigetragen.»

Sechs Monate lang versuchte Wright, Bonadurer davon zu überzeugen, die Kontrolle ausserhalb der Sparte anzusiedeln. Doch Bonadurer sträubte sich hartnäckig. Sein Machtverlust wäre einfach zu gross gewesen. Schliesslich wechselte Wright im März 1997 zur Deutschen Morgan Grenfell nach London. Der Mann, den Cabiallavetta höchstpersönlich zum Kommen überredet hatte und der darin ein Signal sah, dass Cabiallavetta es wirklich ernst meinte mit dem Aufbau einer erstklassigen Kontrollstruktur, gab enttäuscht auf. Persönliche Machtspiele und Eitelkeiten hatten die Einführung einer wirklich unabhängigen Risikoüberwachung verhindert.

Dass die Konzernleitung diese Mängel gesehen hatte, war offensichtlich. Denn in der Alleingang-Variante, die sie im Sommer 1997 ausarbeitete, sollte es genau diese Funktion eines unabhängigen Risk Managers geben, nach dem Vorbild von Merrill Lynch. Und wer sollte dieser Risk Manager sein? Werner Bonadurer. Das heisst: Solange er selbst Handelschef war, wehrte er sich gegen eine solche Funktion, weil die Kontrolle an ihm vorbei rapportiert und er dadurch sein letztes Machtmittel verloren hätte. Wenn er jedoch selbst dieser unabhängige Kontrolleur sein konnte, war er dafür. Das war ein eindrücklicher Beleg, dass persönliche Eitelkeiten über dem Gesamtwohl der Bank standen. Und es stellte allen Mitgliedern der Konzernleitung kein gutes Zeugnis aus. Denn es zeigte, dass sie alle von den strukturellen Schwächen gewusst haben mussten.

Schliesslich fand Bonadurer dann einen neuen Risk Manager. Es war Steven Schulman, ein Mann, den Bauer Anfang 1996 von Merrill Lynch geholt hatte und der in seine Kontrollgruppe um den Mathematiker Degen mehr Händlererfahrung einbringen sollte. Bonadurer machte ihn nach dem Weggang Wrights im April 1997 zum Chef des Risk Managements der Handelssparte. Zimmermann war weitgehend entmachtet. Schulman, einer der Besten seines Fachs, hatte im Gegensatz zu Zimmermann das Kaliber, um Goldstein und die anderen Stars wirklich zu kontrollieren. Doch auch er stand vor dem entscheidenden Kompetenzproblem. Er rapportierte an Bonadurer, und nicht an einen wirklich unabhängigen Manager ausserhalb der Sparte. Und der wollte sich zu diesem Zeitpunkt nicht mit seinem grossen Star Goldstein anlegen, schliesslich brauchte ja auch er dessen Profite.

Damit blieb das Hauptproblem ungelöst. Denn Goldstein machte sofort klar, dass er von Schulmans Einmischungen nichts hielt. Schnell gerieten die beiden aneinander. Goldstein verweigerte auch Schulman den Zugang zum Innersten seiner Deals. Weder Bauer noch Bonadurer hatten die Persönlichkeit, sich gegen Goldstein durchzusetzen. Und weil es auf Konzernleitungsebene keinen wirklich unabhängigen Kontrolleur gab, der dafür bezahlt worden wäre, Verluste zu vermeiden und Zugang zu allen Geschäften gehabt hätte, nahm das zweite Unglück nach Epstein seinen Lauf.

Goldstein war ein besonderer Charakter. In gewisser Weise, das mag für den Aussenstehenden nur schwer verständlich sein, fühlte er sich ausgenutzt. Er verdiente so viel wie sonst niemand in der Bank, doch die Anerkennung in Form von Aufstieg blieb ihm versagt. Er fühlte sich als Zweit-Klasse-Bürger in der schweizerischsten der drei Grossbanken, das brachte er mehrmals zum Ausdruck. Bei der Credit Suisse hatte Allen Wheat für den Aufbau des Derivategeschäfts in der CS Financial Products den Chefposten für das gesamte Investmentbanking der CS First Boston bekommen und war in die Konzernleitung aufgestiegen. Auch beim Bankverein waren die O'Connor-Derivate-Pioniere wie David Solo oder Andy Siciliano zu Generaldirektoren befördert worden und hatten Schlüsselpositionen im Investmentbanking übernommen – Solo als Chief Operating Officer und Chef des Tagesgeschäfts, Siciliano als Chef des weltweiten Zinsen- und Devisengeschäfts.

Goldstein, der die Bank innerhalb kürzester Zeit zu einer weltweit anerkannten Adresse im Aktienderivategeschäft gemacht hatte, wurde jedoch nicht mit Prestige belohnt. Die UBS besetzte ihre Top-Posten noch immer nur mit Schweizern. Er half sich auf seine Weise. Auf seiner Karte führte er den Titel «Vice Chairman», was in der Schweiz dem Vize-Präsidenten des Verwaltungsrates entsprechen würde. Doch dieser Titel stand ihm gar nicht zu. Chairman der Londoner UBS war Rudi Müller, und seine Vizes waren zuletzt der Europa-Chef David Robins und der Aktienchef Hector Sants. Mehrmals forderten diese Goldstein auf, den Titel von seiner Karte zu nehmen. Doch bis zuletzt war von ihm in Zeitungsartikeln noch als Vice Chairman die Rede.

So suchte Goldstein auf andere Weise Anerkennung. Obwohl seine Abteilung innerhalb der Bank für ihre Verschwiegenheit bekannt war, rief er schon mal von sich aus Journalisten der Fachpresse an, so zum Beispiel die renommierte «International Finance Review» IFR. Die Finanzzeitschrift ist so etwas wie der Oscar-Verleiher der Finanzindustrie. Sie vergibt einmal im Jahr die begehrten «House of the Year»-Preise für verschiedene Kategorien. Ende 1996 war es dann soweit – die UBS wurde zum «Equity derivatives House of the Year» gekürt und in einer dreiseitigen Laudatio als eine «einmalig fokussierte Operation» gepriesen. «Niemand sonst hat unser Gewinnwachstum an den Tag gelegt», betonte Goldstein in dem Artikel. «Wir haben bedeutenden Anteil am operativen Ergebnis der Bank.»

Die Ergebnisse waren in der Tat beeindruckend. Der Gewinn seiner 140-Mitarbeiter-Sparte für das Jahr 1996 lag bei etwa 270 Millionen Franken – das waren 15 Prozent des Gewinnes der 28000-Mitarbeiter-Bank. Besonders für Bonadurers Handelssparte mit ihren gut 4000 Mitarbeitern war Goldsteins Bedeutung enorm. In den erstmals veröffentlichten Spartenzahlen für das Jahr 1996 wies sie einen Spartengewinn von 680 Millionen Franken aus. Goldsteins GED-Departement hatte also mit gerade drei Prozent der Mitarbeiter etwa 40 Prozent des Spartengewinnes erzielt. Dafür bekam er den bereits erwähnten Bonus von etwa 15 Millionen Franken, den höchsten, den die Bank jemals in ihrer Geschichte bezahlt hatte. TJ Lim, den Bauer von Merrill Lynch geholt und der nach dem Epstein-Fiasko das globale Zinsderivategeschäft erfolgreich aufgebaut hatte – ihm hatte sich auch Nikolaus Senn, der Sohn des VR-Präsidenten, untergeordnet – lag mit seinen knapp neun Millionen Franken abgeschlagen an zweiter Stelle. Festgelegt wurde Goldsteins Rekordbonus von Bonadurer, und der traf keine wichtige Entscheidung ohne Cabiallavetta.

So war Anfang 1997 das GED unbestritten das Kronjuwel der Bank. Im Geschäftsbericht wurde die Auszeichnung zum «Equity derivatives House of the Year» explizit erwähnt, und es wurde betont, dass 58 Prozent der Erträge aus dem Aktienhandel aus dem Derivategeschäft stammten. Auf der Bilanzpressekonferenz im Februar 1997 betonte auch Cabiallavetta einmal mehr die Bedeutung des Derivategeschäfts: «Im normalen Brokerage-Geschäft ist nichts mehr zu verdienen. Wir müssen uns bekennen zu den Derivaten. Wir bleiben beim «Proprietary Trading». Derivate erzielen weit über 50 Prozent des Bruttoertrages.» Er legte eine Folie auf, die eines der Hauptziele für die Handelsabteilung so beschrieb: «Zentrale Rolle des Derivategeschäfts ausbauen.» Goldsteins Erfolg weckte sogar Begehrlichkeiten bei anderen Konzernleitungsmitgliedern. Pierre de Weck, Leiter der Corporate-Finance-Sparte, betonte in einem Interview mit der «Finanz und Wirtschaft» im April 1997, dass die Aktienderivate doch eigentlich zum Investmentbanking, also zu seiner Sparte, gehörten.

Goldstein war auf dem Gipfel. Das verlieh ihm nur noch mehr Macht, um sein Reich gegen alle Einmischungen von aussen zu verteidigen. Zu den morgendlichen Treffen in London, an denen die Spartenleiter einen kurzen Rapport gaben, erschien er schon lange nicht mehr. Auch wehrte sich Goldstein gegen jegliche Versuche, seine Abteilung mit dem Aktiengeschäft zu verschmelzen, wie es bei den Zinsen und den Devisen geschah. Bauer versuchte auch, ihn davon zu überzeugen, sein eigenes Computersystem aufzugeben und sich der Plattform der Bank anzuschliessen. Doch Goldstein bestand auf seiner Autonomie.

Seine schnelldenkenden Mitarbeiter wie zum Beispiel die Inder Vipin Sareen oder Ruwan Weerasekera, Goldsteins Stabschef, fanden immer Widerworte. Die Arroganz seiner Abteilung hatte zugenommen. Sie fühlte sich als die Elite der Bank, und das liess sie ihre Umgebung spüren. «Goldstein war praktisch unantastbar – ein typischer Big swinging dick», erzählten sich die Mitarbeiter. Vornehm übersetzt: Jemand, der wusste, dass ihm keiner etwas anhaben konnte. Und das war von ganz oben geduldet. Der Logistik-Chef Ulrich Grete hatte höchstpersönlich dafür gesorgt, dass Goldsteins Top-Leute auch von zu Hause aus Zugang zu ihrem abgekapselten System hatten.

Doch was konnte Goldstein noch motivieren auf dem Gipfel? Der Karriere-Aufstieg war ihm als Nicht-Schweizer verwehrt. Blieb ihm also nur Geld als Antrieb? Denn soviel stand fest: Wohl keine andere Bank in London ging im Derivategeschäft so hohe Risiken ein, und das bei den beschriebenen Kontrollproblemen. Im besten Fall brachten ihm die hohen Risiken einen satten Gewinn und somit einen ordentlichen Bonus. Im schlechtesten, wenig wahrscheinlichen Fall, gab es einen grossen Verlust, der ihn vielleicht den Job kosten würde. Doch das konnte er verschmerzen, denn Aufstiegschancen hatte er sowieso nicht. Und seinen Bonus hatte er bereits auf der sicheren Seite. Dafür hatte er auch selber gesorgt. Denn eigentlich wollte auch die Bankgesellschaft dazu übergehen, wie andere Investmentbanken auch, den Bonus statt in bar zum Grossteil in eigenen Aktien zu zahlen, die auf mindestens fünf Jahre blockiert sein sollten. Das würde die Händler davor schützen, zu grosse Risiken einzugehen.

Doch Goldstein war – zusammen mit dem New Yorker Aktienchef Mark Suvall – verständlicherweise einer der grössten Gegner dieses Modells und sprach deswegen auch bei Cabiallavetta vor. Schliesslich setzte er sich auch hier weitgehend durch. Zwar wurde von 1996 an immerhin die Hälfte des Bonus in Aktien bezahlt. Doch die Aktien wurden nicht konsequent über mehrere Jahre eingefroren wie bei anderen Banken. Ihre Auszahlung begann bereits mit der Auszahlung des Baranteils und wurde dann über nur zwei Jahre verteilt. Zudem hatten sie einen sogenannten Floor – der Empfänger musste nur Kursrückgänge bis zu einem bestimmten garantierten Wert hinnehmen. Sank der Kurs weiter, bezahlte ihm die Bank den Unterschied in bar. Goldsteins Rekordbonus von 1996 dürfte also fast vollständig in seiner Tasche gelandet sein, trotz allem, was dann 1997 passieren sollte.

Wie risikoreich die Geschäfte waren, in die sich die UBS vorgewagt hatte, stellte der Bankverein im Dezember 1997 fest, als er Goldsteins Abteilung übernahm. Die Spezialisten brauchten mehrere Wochen, um überhaupt zu verstehen, worauf sich die Mitarbeiter in Goldsteins Team da eingelassen hatten. Das war ja das Interessante: Der Bankverein, der durch den Kauf von O'Connor Anfang der neunziger Jahre das weltweit beste Derivate-Know-how eingekauft hatte, wagte sich in derartige Geschäfte überhaupt nicht vor. Er hatte strenge, an seine Händler gerichtete Vorgaben, welche Geschäfte zulässig waren. Passten die Kundenwünsche nicht in ihr System, liessen die SBC-Warburg-Leute die Finger davon. Das war bei der UBS anders. Es gab keine einheitliche Systematik, jede Abteilung entschied für sich, welche Geschäfte sie machte.

Goldsteins Abteilung hatte zum Beispiel viele Optionen mit langen Laufzeiten – zum Teil über mehr als fünf Jahre – ausgegeben, und die waren auch mit den komplexesten Modellen kaum genau zu berechnen. Das war wie mit dem Wetter – nach drei Tagen kamen so viele

Variablen ins Spiel, dass eine genaue Prognose praktisch unmöglich wurde. Die Gewinne aus dem Verkauf dieser Optionen liessen sich jedoch häufig sofort realisieren, und darin lag das Interesse von Goldsteins Abteilung. In diesem Markt der Optionen mit langen Laufzeiten war die UBS klarer Marktführer in der Londoner City. Die grössten Konkurrenten waren die Engländer Nat West und BZW – bezeichnenderweise die beiden Häuser, die ihr Investmentbanking im Jahr 1997 ebenfalls einstellten. Konservative Banken wagten sich in derartige Gebiete gar nicht vor. Der Bankverein etwa gab praktisch keine Optionen mit Laufzeiten von mehr als einem Jahr aus.

So hatte die UBS in der City bei den Derivaten einen Ruf, den man ihr sonst kaum nachsagte: Exotische Produkte, aggressive Preise. «Mutig» oder «tollkühn» waren noch die wohlmeinenden Kommentare. Die Mehrheit war skeptisch. Wie zwei Jahre zuvor beim Epstein-Verlust gab es auch diesmal Warnungen. «Entweder hatten diese Leute einen neuen Weg beim Pricing von Optionen gefunden, oder sie lagen vollkommen daneben», erinnert sich ein Top-Manager einer Bank, welche die UBS informell gewarnt hatte, im «Economist» vom 31. Januar 1998. Jetzt rächte sich, dass die Bank trotz aller Warnungen nie ein wirklich unabhängiges, durchsetzungsstarkes Risk Management für seine Handelsgeschäfte eingeführt hatte. Goldstein konnte machen, was er wollte, und das bei Geschäften, die zu den risikoreichsten der City gehörten.

Im Prinzip, das war offensichtlich, gab es keine wirksame externe Kontrolle. Und das wussten sowohl Bonadurer als auch Cabiallavetta.

Plötzlich zeigte sich, dass Goldstein überreizt hatte. Dabei begann es noch relativ harmlos. Die neue Labour-Regierung in England hatte ein Gesetz zur Dividendenbesteuerung eingeführt. Das trat am 2. Juli 1997 in Kraft, genau ein Tag nachdem Cabiallavetta die Fusionsverhandlungen mit dem Bankverein abgebrochen hatte. Banken, die der Berechnung ihrer Optionenpreise eine bestimmte Dividenden-Höhe zu Grunde gelegt hatten, mussten durch die geringere Dividende nun Abschreibungen hinnehmen. Das betraf vor allem die Banken, die Optionen mit langen Laufzeiten geschrieben hatten, und hier hatte die UBS ja den grössten Marktanteil. Der Bankverein erlitt durch die Gesetzesänderung praktisch keine Verluste. Goldstein signalisierte Bauer die Verluste. 100 Millionen Franken durch die Steuergesetzesänderung, 100 Millionen durch einen Modellfehler – so die offizielle Version der Bank. Zum ersten Mal musste Bonadurer zu Cabiallavetta gehen und schlechte Nachrichten von Goldstein bringen. Doch diese beiden Ereignisse waren einmalige Verluste, die von einer Sekunde auf die andere abgehakt werden konnten.

Anders war das mit den Wandelanleihen von japanischen Banken, die Goldsteins Abteilung 1996 von New York aus in grossem Stil gekauft hatte. Wandelanleihen sind Schuldverschreibungen, also normale Anleihen, die zusätzlich noch zum Kauf einer Aktie des betreffenden Unternehmens berechtigen. Mit diesen Instrumenten hatten Goldsteins Leute 1995 in europäischen Ländern bereits viel Geld verdient. Das Vorgehen war immer das Gleiche: Der Anleihenteil wurde verkauft, und der Bank blieb noch das Kaufanrecht auf die Aktie, eine normale Option also. Anders als im Fall Epstein sollte hier jedoch später keinerlei Betrug festgestellt werden, wenn sich Goldsteins Abteilung auch vorwerfen lassen musste, die Gewinne aus diesen Geschäften sofort verbucht zu haben, obwohl die Laufzeiten der Optionen bei fünf Jahren lagen. Auch in diese japanischen Geschäfte wagten sich nur wenige Banken vor. In der IFR-Laudatio von Ende 1996 wurde die UBS «als wahrscheinlich grösster Einzelinvestor in Wandelanleihen der Tokai Bank» gepriesen. Die komplizierten Modalitäten des 200-Milliarden-Yen-Deals seien für die «meisten traditionellen Käufer von Wandelanleihen abstossend» gewesen.

Denn diese speziellen Wandelanleihen hatten eine Besonderheit: Der Preis, zu dem man die Aktie kaufen konnte, der Umwandlungspreis, änderte sich je nach dem Kursverlauf der Aktie. Das war eine Spezialität, wie sie nur bei ausgewählten japanischen Bankaktien vorkam. Sie sollte sich im nachhinein als besonders tückisch herausstellen. Natürlich hatte der Händler Neil Thalheim, der die Papiere gekauft hatte, diese Modalitäten gesehen, genauso wie Ronny Apfel, Goldsteins Chefhändler. Goldstein selbst jedoch soll nur eine mündliche Zusammenfassung bekommen haben, genauso wie Bauer.

Die ersten beiden Verluste, erste Krisensignale, hatten Bonadurer und Cabiallavetta gerade verdaut, als die Krise in Japan begann. Von August an verloren die japanischen Bankaktien dramatisch an Wert. Bis Ende des Jahres sollten sie um bis zu 70 Prozent nachgeben. In Goldsteins Abteilung brach Panik aus. Jetzt war auch Goldstein nicht mehr ganz so souverän. Plötzlich zeigte sich, dass auch er nur wenig Erfahrung mit Marktrisiken hatte. Auch sein Chefhändler Apfel, der bis dahin als erfahrener Händler galt, zeigte plötzlich nur noch wenig Nervenstärke. Er schlief nur noch zwei Stunden. Mit dem dramatischen Rückgang des Aktienkurses kam für die einzelnen Optionen der Punkt näher, an dem auch der Umwandlungspreis sinken würde. Die Händler verkauften so viele Aktien wie möglich. Doch hier ging es um gigantische Volumen, und die ständigen Verkäufe trieben die Preise nur noch weiter nach unten. Das Hedging – das Absichern der Positionen – war fast unmöglich.

Es begann ein schleichender Zermürbungsprozess. Die ganze Abteilung – Goldstein, Bauer, Bonadurer – schon stark verunsichert durch die Verluste im Sommer, mussten jeden Tag mitansehen, wie sich die Verluste langsam erhöhten. Mal verloren sie fünf Millionen an einem Tag, dann zwanzig. Ein Ende dieses Prozesses war nicht abzusehen. Bonadurer war unter Druck wie nie zuvor, und damit natürlich auch Cabiallavetta, der ihn auf diesen Posten gesetzt hatte. Im September 1997, dem Monat, in dem die Bank über die wichtigste Entscheidung ihrer Geschichte beriet, tat sich in der Abteilung, die Cabiallavetta aufgebaut hatte, ein Loch von nicht abschätzbarer Grösse auf.

6. Der bittere 8. Dezember
Wie das Derivate-Debakel die Fusion beeinflusste und die Bankgesellschaft alle Bedingungen des Bankvereins akzeptierte.

So ging es in den Oktober. Ein Ende der Verluste mit den japanischen Wandelanleihen war nicht abzusehen. Täglich überbrachte Bonadurer Cabiallavetta neue Hiobsbotschaften. Dieser – «Dir fehlt eine Phase kühler Bewertung», wurde ihm in jungen Jahren ja mit auf den Weg gegeben – soll extrem angespannt gewesen sein. Denn wenn sich die Verluste von Goldsteins Abteilung auf 900 Millionen Franken oder mehr beliefen, würde das direkt auf ihn zurückfallen. Er hatte Goldstein immer geschützt und sich in den guten Tagen als Architekt der Aktienderivate-Abteilung feiern lassen. Cabiallavetta, so ein intimer Kenner der Abläufe, sei in Panik geraten: «Deswegen griff er zur Fusion.» Zeitlich würde das passen. Die entscheidende Verwaltungsrats-Sitzung in Genf, auf der er zum Zusammenschluss mit dem Bankverein drängte, fand ja am 9. Oktober statt. Und er war auf UBS-Seite unbestritten die treibende Kraft. «Ohne Cabiallavetta hätte es die Fusion nicht gegeben», bestätigte der Bankverein-VR-Präsident Georges Blum in einem Telefonat mit dem Autor im März 1998. Hatte Cabiallavetta zur Fusion gegriffen, um sich zu retten?

Cabiallavetta bestritt diese Version im April 1998 gegenüber dem Autor vehement. «Die Derivateverluste waren für mich eine Riesenenttäuschung, doch sie haben für die Fusion überhaupt keine Rolle gespielt», betonte er. Eine «distraction», die für negative Schlagzeilen gesorgt habe, sei die Derivategeschichte gewesen, mehr nicht. Seinen Kopf habe er ganz woanders gehabt. Zur Qualität des Risk Managements seiner Bank wollte er sich nicht äussern. Auch betonte er, dass im Oktober die genaue Höhe des Verlusts aus den japanischen Wandelanleihen festgestanden habe: «Auf 20 Millionen Franken genau konnte Anfang Oktober das noch inhärente Risiko der Wandelanleihen abgeschätzt werden.»

Das bestritten Kenner der Abläufe gegenüber dem Autor. Mitte Oktober hatten sich Bonadurer, Bauer, Goldstein und andere hochrangige Mitarbeiter der Handelssparte bei Cabiallavetta eingefunden. Sie sollen ihm mitgeteilt haben, dass aus den japanischen Wandelanleihen mindestens noch einmal 150 Millionen Franken zu den bisherigen 200 Millionen Verlust der Abteilung hinzukämen, dass der totale Verlust aus den japanischen Wandelanleihen jedoch noch nicht feststehe.

Die japanischen Bankaktien, so viel ist belegt, erreichten ihren Tiefpunkt erst Mitte November mit dem Konkurs des Brokerhauses Yamaichi. Auch entzog Bonadurer das Absichern der Positionen erst Anfang November Goldsteins Team und übertrug es dem Chef des Eigenhandels,

Andrew Rodman, in dessen Abteilung die Verluste dann ja auch später verbucht wurden. Damals verschlimmerte sich die Situation sogar noch. «Cabiallavetta wusste Anfang Oktober, dass es einen grossen Verlust gab, aber niemand konnte die genaue Höhe des Verlusts abschätzen», betonte ein intimer Kenner der Abläufe gegenüber dem Autor. Erst Ende des Jahres liess sich die genaue Höhe feststellen, und dass die endgültige Zahl von 617 Millionen Franken unter den herumgereichten Schätzungen lag, hatte die Bank vor allem einer Erholung des japanischen Marktes im Dezember zu verdanken.

Dass Verluste von gut 600 Millionen Franken jedoch eine Bank mit Eigenmitteln von 22 Milliarden Franken und einem Rekordgewinn im Fusionsjahr von über drei Milliarden Franken gefährden konnten, erscheint wenig überzeugend. Doch es könnte eben nicht die Höhe der Verluste gewesen sein, die Cabiallavetta unter Druck gesetzt hatte, selbst wenn es stimmt, dass er sie zum Zeitpunkt der Fusion noch nicht vollkommen abschätzen konnte und er wirklich in Panik geraten war. Psychologisch musste ihn der Verlust tief getroffen haben. Es war nicht nur Goldstein, der Mann, dem er einen Grossteil seines Aufstiegs zu verdanken und den er immer geschützt hatte, dessen Reich zusammengebrochen war. Das Scheitern Goldsteins symbolisierte sein eigenes Scheitern. Er persönlich musste sich vorwerfen lassen, seine eigene Sparte nicht solide genug aufgebaut zu haben. Die Informatik war nicht uniform, und vor allem war die Risiko-Überwachung offensichtlich ungenügend. Dieses Problem hatte er gesehen, denn in der Alleingang-Variante, die die Konzernleitung im September 1997 ausgearbeitet hatte, war ja ein unabhängiger Risk Manager mit Sitz in der Konzernleitung vorgesehen. Doch er hatte es nicht gelöst, als noch Zeit dazu gewesen wäre.

War das nicht der endgültige Beweis, dass er in der Derivate-Abteilung vor allem ein Vehikel für seine eigene Karriere gesehen hatte, wie Mitarbeiter mehrfach behauptet hatten? Auch der Bankverein hatte in London eine schwierige Aufbauphase hinter sich, in der er zu Beginn der neunziger Jahre mit hochkomplexen Derivate-Deals die City aufschreckte. Doch er hatte nach der Warburg-Übernahme eine solide Plattform mit drei integrierten Produktegruppen aufgebaut. Die UBS dagegen, und das heisst in diesem Fall Cabiallavetta, hatte den Schritt zu einem wirklich maturen Geschäft, mit dem sie dauerhaft in der Weltliga hätte mitspielen können, nicht geschafft.

Zudem hatte vor allem Cabiallavetta sich nach aussen als Kenner der heissen Finanzinstrumente dargestellt. In seinem ersten Geschäftsbericht als Konzernchef liess er nicht weniger als fünf Seiten über das Risiko-Management der Bank neu einfügen. Für seinen Verwaltungsrat organisierte die Bank 1996 ein einziges Seminar – über Risiko-Management und Derivate. Er selbst gründete neu einen Risk Council, dem er, Fischer und Bonadurer angehörten. So signalisierte er eindeutig: Wir haben alles im Griff. Da konnte er sich kaum von der Verantwortung für die Verluste freisprechen. Und sie einfach in eine Linie zu stellen mit den Handelsverlusten anderer Banken in Asien war wenig überzeugend. Denn die Eidgenössische Bankenkommission und die Bank of England starteten im nachhinein nur bei der UBS eine Untersuchung. Aufsichtsbehörden hatten zuvor die Kontroll-Struktur der Bank kritisiert.

Und schliesslich war es auch sehr fragwürdig, dem angesehenen Derivatechef Hans-Peter Bauer die Verantwortung für die Verluste zuzuschieben, wie es das interne UBS-Inspektorat laut Zeitungsberichten getan haben soll. Denn das würde bedeuten, dass sowohl die Spartenleitung als auch die Konzernleitung davon ausgegangen wären, dass Bauer sich selbst hätte wirksam kontrollieren können. Das widersprach jedoch den Kontrollmechanismen in allen renommierten Häusern. Dort war die Kontrolle immer extern, und dafür hätte die Konzernleitung sorgen müssen. Zudem waren Top-Manager in Positionen wie Bauer auch laut Arbeitsvertrag nur für das operative Ergebnis ihrer Abteilung verantwortlich, nicht aber für deren Kontrolle.

So war offensichtlich, dass Cabiallavetta zum ersten Mal selbst die Verantwortung für ein Desaster trug. Die Milliardenabschreibungen im Kreditgeschäft zu Beginn seiner Amtszeit hatte er zwar ausbaden müssen, doch das hatte ihm intern eher Anerkennung verschafft – er nahm die Sünden seiner Vorgänger auf sich. Und es war nicht etwa die Corporate-Finance-Sparte von Pierre de Weck, die strauchelte. Ihr Aufbau war nach langjährigen enormen Investitionen halbwegs gelungen. Es war seine Handelssparte, die das internationale Geschäft in den Abgrund ritt. Er hatte unbestritten die Handelsabteilung aufgebaut, und mehrere Mitarbeiter bestätigten, dass keine grosse Entscheidung in dieser Abteilung in den letzten Jahren ohne ihn stattfand. «Die Struktur der Handelsabteilung trug auch Anfang 1997 noch den klaren Stempel Cabiallavettas», versicherte etwa der frühere Controller Wright. Wäre die Bank weiter unabhängig geblieben, hätte es eine drastische Restrukturierung dieser Sparte gebraucht. Und damit wäre der Zusammenbruch seiner Sparte mit noch grösserer Deutlichkeit an den Tag gekommen.

Wie gross also war nun die Bedeutung dieser Geschichte um Kontrolle, Ehrgeiz und Eitelkeiten für die Fusion? Selbstverständlich hatte Cabiallavetta enormes Interesse daran, die Fusion als vollkommen freien Entscheid der Konzernleitung darzustellen. Auch gegenüber seinen Kollegen an der Konzernspitze war er daran interessiert, die Derivate-Verluste herunterzuspielen, denn es war offensichtlich, dass sie auf ihn zurückfallen würden. Über die Details des Verlusts und die Internas der Handelssparte dürften neben Cabiallavetta nur noch seine engsten

Vertrauten Bonadurer und Fischer Bescheid gewusst haben.

Selbst Markus Kündig jedoch, Vize-Präsident des UBS-Verwaltungsrates, bestätigte Anfang April 1998 gegenüber dem Autor, dass die Verluste Einfluss auf die Verhandlungen gehabt hätten. «Wir wussten, dass da irgend etwas im Derivatebereich nicht in Ordnung war, kannten aber nicht die genaue Zahl der Verluste.» Und auch Signale aus der Handelsabteilung deuteten darauf hin, dass das Debakel grosse Bedeutung hatte. Bonadurer, dem die Abwicklung von Goldsteins Abteilung oblag – der Abschied von Goldstein und seinen drei Top-Leuten Apfel, Thalheim und Burstein wurde Mitte November 1997 bekanntgegeben, Bauer verliess die Bank Mitte Dezember – soll seine Frustration zum Ausdruck gebracht haben: Dieser Vorfall habe seiner Karriere massiv geschadet. Selbst der Bankverein schien nicht ganz an die offizielle UBS-Version vom freien strategischen Entscheid zu glauben. «Ich weiss es nicht, und Ospel weiss es auch nicht», antwortete Blum im März 1998 in einem Telefonat mit dem Autor auf die Frage, warum Cabiallavetta die Verhandlungen im Oktober wieder neu aufgenommen habe. Es liess sich jedoch darin zumindest das Eingeständnis sehen, dass sich im Vergleich zum Sommer etwas Entscheidendes geändert hatte.

Die Frage bleibt bestehen: Wenn es wirklich rein strategische Gründe waren, die Cabiallavetta zur Wiederaufnahme der Verhandlungen getrieben hatten, warum hatte er dann im Sommer die Gespräche abgebrochen? Damals hätte er viel mehr herausholen können, für die Bank und für sich selbst. Es musste einen weiteren Grund geben. Und der konnte nicht allein im Druck liegen, der durch die Holocaust-Debatte auf Studer lag. Einmal kam die härteste Druckwelle auf Studer – der Rückzug aus New York, die extrem harte Kritik in der «Financial Times», die massiven Rücktrittsforderungen – erst nach dem 9. Oktober, an dem der Verwaltungsrat die Wiederaufnahme der Verhandlungen beschloss. Zudem wäre die UBS die erste Bank der Geschichte, die zu einer Fusion mit einem Abbau von 13 000 Stellen griff, nur weil ihr Präsident nicht zurücktreten wollte.

Es spricht viel dafür, dass das Derivate-Debakel für Cabiallavetta zumindest ein wesentlicher Grund für die Fusion war. Und das nicht nur wegen einer möglichen Panikreaktion. Die Sparte, die ihn gross gemacht hatte, war zusammengebrochen, und für die offensichtlichen Kontrollmängel trug er persönlich einen Grossteil der Verantwortung. Cabiallavetta hatte also ein ganz persönliches Motiv für diesen Zusammenschluss, und das könnte der Auslöser gewesen sein für sein überhastetes Einlenken, neben der – unbestrittenen – strategischen Notwendigkeit. Der Mann, der für seine Impulsivität bekannt war, stand in diesen dramatischen September- und Oktobertagen vor der Wahl: Entweder Alleingang und damit vollständige Offenlegung der Derivate-Pleite, was ihn vor allem intern massiv unter Druck gesetzt hätte. Oder öffentliche Lobpreisung als Baumeister der grössten Bank Europas. Diese Wahl schien nicht allzu schwierig gewesen zu sein, auch wenn er persönlich einige Abstriche hinnehmen musste im Vergleich zum Sommer.

Für diese These spricht auch, dass Cabiallavetta im Vergleich zu den ersten Verhandlungen nach dem 16. Oktober in praktisch allen Punkten nachgab. Handelte so jemand, der aus freier strategischer Einsicht zurückkam? Oder nicht eher jemand, der die Fusion um jeden Preis wollte, und das so schnell wie möglich? Was sich nach dem 16. Oktober abspielte, waren keine Verhandlungen mehr wie noch vor vier Monaten. Das war ein Akzeptieren der Fusion zu den Bedingungen des Bankvereins.

Die wichtigen Verhandlungen über Struktur und Top-Posten gingen sehr schnell über die Bühne. Die Matrix-Struktur, an deren Festhalten seitens der UBS die Verhandlungen im Sommer noch gescheitert waren, wurde sofort und ohne jegliche Diskussionen liquidiert. Und das nicht nur im Ausland, sondern auch in der Schweiz, wo die UBS gerade mit grossem Aufwand die alte Struktur überarbeitet hatte. «Die Organisation der neuen Bank kennen Sie im wesentlichen bereits vom Schweizerischen Bankverein her», konnte Ospel bei der Fusions-Generalversammlung des Bankvereins am 4. Februar 1998 sagen, und das war das einzige Mal in dem Medienrummel nach der Fusionsbekanntgabe, dass der hochprofessionelle Mann öffentlich einen Anflug von Triumphdenken zeigen sollte. Cabiallavetta war nicht mehr als Konzernchef der neuen Bank vorgesehen wie im Sommer, sondern musste sich im Alter von 52 Jahren auf den Präsidentensessel zurückziehen, nach gerade 18 Monaten als Konzernchef der UBS. So dürfte er sich seine Chef-Karriere kaum vorgestellt haben, zumal ihm das Präsidium auch nach einigen Jahren CEO wahrscheinlich automatisch zugefallen wäre.

Im Sommer hätte der Bankverein die Führung im Investmentbanking übernommen, dafür jedoch das Private Banking der UBS überlassen. Jetzt stellte sie den CEO Ospel, übernahm wie vorgesehen das Investmentbanking, dazu aber auch noch mit Rudi Bogni die Perle der UBS, das Private Banking. Auch die Trennung von Private Banking und Asset Management, von der UBS im Sommer noch bekämpft, ging jetzt rasch durch. Und auch da stellte der Bankverein mit Gary Brinson den Chef, auch das vollkommen unbestritten. Von seinem Private-Banking und Asset-Management-Chef Decurtins war Cabiallavetta ja intern schon früher abgerückt. Und selbst der Name für die neue Bank, UBS, eigentlich ein Pluspunkt für Cabiallavettas Seite, war in der Hektik kurz vor der Bekanntgabe von einem Bankverein-Mann angeregt worden, zusammen mit den drei Schlüsseln des Bankvereins.

Der einzige, der sich neben Cabiallavetta noch standesgemäss retten konnte, war sein Stellvertreter Haeringer. Haeringer, der sich im Sommer wegen des drohenden Machtverlusts kaum als Fürsprecher der Fusion profiliert haben dürfte, konnte sich als Schweiz-Chef und als Stellvertreter Ospels halten. Doch seine neue Sparte hatte nichts mehr von der Macht, die er noch in der alten UBS hatte. Das Schweizer Private Banking, das Asset Management und das Investmentbanking wurden auf die globalen Sparten des Bankvereins verteilt, wie es Ospel ja bereits bei seinem Amtsantritt im Mai 1996 mit dem Schweiz-Geschäft des Bankvereins gemacht hatte.

Es blieb noch, was auch beim Bankverein damals geblieben war: Eine Sparte Retail, die vom bisherigen Bankverein-Retail-Chef Menotti geleitet wurde, und eine Sparte für Schweizer Firmen, in der vor allem die notleidenden Kredite behandelt wurden. Hier war eigentlich der angesehene UBS-Mann Anton Affentranger vorgesehen, der bei der UBS den Kreditbereich saniert hatte. Doch Affentranger gab vier Tage vor der Bekanntgabe auf. Er wollte nicht akzeptieren, dass selbst die Struktur der Sparte, die er leiten sollte, vollkommen vom Bankverein festgelegt wurde. Zudem weigerte er sich, weiter unter Haeringer zu arbeiten. Wegen dessen wenig innovativem Charakter war es zuvor zu enormen Spannungen zwischen den beiden gekommen.

Bei der grossen Umstrukturierung des Bankvereins im Mai 1996 hatte Ospel allerdings auch gleich den Schweiz-Chef Rasi verabschiedet, denn den brauchte es ja nicht mehr. Die organisatorische Logik sprach auch jetzt wieder dafür, dass es keinen Schweiz-Chef brauchte. Doch da wehrte sich der machtbewusste Haeringer natürlich. Er setzte durch, dass das Private Banking erst bei einer Vermögensgrösse von einer Million beginnt. Früher, als Private-Banking-Chef der UBS, hatte er immer dafür gekämpft, die Grenze zwischen Retail und Private Banking bei einem Kundenvermögen von 100 000 Franken anzusetzen. So konnte das Retailgeschäft nie profitabel werden, dafür stand sein Private Banking aber gut da. Jetzt war er auf der anderen Seite und setzte die Grenze so hoch wie in keiner Bank der Welt – das sollte sein Überleben retten.

Doch das Beispiel Haeringer zeigte auch, dass Cabiallavettas Argument für die weitgehende Übergabe des Top-Managements an den Bankverein – «Wir wollten auf jedem Posten ganz einfach die am besten geeigneten Leute» – nur teilweise überzeugend war. Denn es wäre eben für die Bank das Beste gewesen, auch hier die Struktur des Bankvereins vollkommen zu übernehmen und auf einen eigenen Schweiz-Chef zu verzichten (was allerdings für die Zukunft kaum auszuschliessen war, denn nicht wenige Bankkenner fragten sich direkt nach der Fusionsbekanntgabe, wie lange sich die verbleibenden Top-

Manager der alten UBS noch in der neuen Bank halten könnten).

Auch das Beispiel von Cabiallavettas engem Vertrauten Felix Fischer zeigte, dass es kaum ausschliesslich um Leistung ging. Als Finanzchef der neuen Bank kam Fischer nicht in Frage, denn der Bankverein-Stratege Wuffli war ihm klar überlegen. So wurde nach all den Pannen in der Risikoüberwachung der alten UBS jetzt ausgerechnet Fischer zum neuen Chief Risk Officer (CRO) der neuen Bank gemacht. Damit hatte die Bank endlich eine unabhängige Risiko-Überwachung. Dass jedoch Fischer diesen Job bekam, sprach dafür, dass Cabiallavetta in den Verhandlungen das Londoner Derivate-Debakel weitgehend geheim halten konnte. Zwar war Fischer nicht direkt verantwortlich für die Verluste, doch er dürfte als Finanzchef über alle Details auf dem laufenden gewesen sein, und auch er war nicht gegen die offensichtlichen Kontrollmängel aufgestanden. Dazu spielte Fischer vom Fachwissen her in diesem äusserst komplexen Bereich sicher nicht in der ersten Liga. Steven Schulman, der kompetente frühere Merrill-Lynch-Mann, der zuletzt unter Bonadurer das Risk Management leitete und als Fischer-Stellvertreter vorgesehen war, sollte Ende April 1998 seinen Weggang bekannt geben. Dass auch auf diesem Gebiet der Bankverein mit seinem O'Connor-Know-how die besseren Leute gehabt hätte, war unbestritten.

Seinen Freund Bonadurer konnte Cabiallavetta nach kurzen Diskussionen als stellvertretenden Chief Operating Officer im Investmentbanking unterbringen. Für seinen Investmentbanking-Chef Pierre de Weck war dort kein Platz mehr. Ihm blieb nur das Private-Equity-Geschäft und der wenig bedeutende Posten des Chief Credit Officers. All diese Entscheidungen fielen innerhalb kürzester Zeit. Am 10. November wurde die Geschäftsleitung Schweiz über die Fusion informiert, am 19. November waren die Regionenchefs an der Reihe. Zum ersten Mal traten jetzt auch die beiden Chefs der Konzernleitungen, Ospel und Cabiallavetta, vor ihre Verwaltungsratspräsidenten und präsentierten eine Einigung.

Doch dann zog sich die Sache hin. Denn wenn Ospel und Cabiallavetta sich intern auch auf die Stellenverteilung geeinigt hatten, so lag die formelle Entscheidung, vor allem in puncto Präsidium der neuen Bank, bei den beiden Verwaltungsräten.

Zudem waren sich beide Konzernchefs einig, dass bei dem Neuanfang auch ihre überdimensionalen Verwaltungsräte – 19 Mitglieder beim Bankverein, 18 bei der UBS – entsorgt werden sollten. Jedes der beiden Gremien musste aus seiner Mitte vier Kandidaten für den neuen Verwaltungsrat bestimmen. Die Entscheidung lag dann bei den Ausschüssen. Beim Bankverein gehörten diesem neben dem dreiköpfigen Präsidium noch der Basler Rechtsanwalt Peter Böckli, der Sulzer-VR-Präsident Pierre

Borgeaud und Hans Peter Ming, Chef des Innerschweizer Finanzunternehmens Sika, an, bei der UBS waren das wie erwähnt der Swissair-VR-Präsident Goetz, der Ciba-Chef Meyer, der Volkart-VR-Präsident Reinhart und der Fahrstuhlhersteller Schindler.

Verwaltungsrats-Mitglieder der UBS behaupteten nach der Fusion, die Bekanntgabe habe sich vor allem deshalb hingezogen, weil Blum sich gegen einen Rücktritt wehrte. Blum bestritt das jedoch gegenüber dem Autor energisch. «Ich habe mich immer für die Fusion eingesetzt», betonte er. Zeitungsberichte, nach denen der UBS-Vizepräsident Kündig und sein eigener Vize Krauer ihn zum Rücktritt gedrängt hätten, waren offensichtlich unzutreffend. Blum traf Kündig zum ersten Mal an der Fusions-Generalversammlung am 4. Februar 1998. So dürfte Blum, Jahrgang 1935, wohl kaum Probleme mit seinem vorzeitigen Abschied gehabt haben, auch wenn drei Jahre als Konzernchef und zwei Jahre als VR-Präsident keine sehr lange Amtszeit darstellten. Es blieb ihm schlicht keine Wahl, das wird er selbst schnell eingesehen haben. Denn ein Präsident Blum mit einem Konzernchef Ospel war undenkbar, und Ospel, der starke Mann, war kaum gewillt, den CEO-Posten zugunsten Cabiallavettas aufzugeben. Im Sommer hätte er das noch akzeptiert, jetzt nicht mehr.

Blum dürfte sich vor allem daran gestört haben, im gleichen Atemzug mit Studer genannt zu werden. Der war in den letzten Monaten zu einer enormen Belastung für seine Bank geworden, er jedoch stand einem der erfolgreichsten Institute Europas vor. Zudem sollen der weltgewandte Jurist aus Lausanne und der überkorrekte Innerschweizer nicht gerade harmoniert haben. «Nein, seine Interviews, das ist nicht meine Hauptlektüre», hatte Blum im Dezember 1995 in der «Finanz und Wirtschaft» auf die Frage geantwortet, ob er das letzte Interview von Studer gelesen habe.

Als Trostpflaster durfte er am historischen 8. Dezember als erster vor die Presse treten und sich bei den beiden Präsidenten der Konzernleitungen bedanken, die Hand in Hand gearbeitet hätten, «um ein Projekt zum Erfolg zu führen, das ursprünglich meine strategische Vision war.» Er bezog sich auf lockere Gespräche zwischen Studer und ihm im Jahre 1995, die sich jedoch sicher nicht als ernsthafte Verhandlungen bezeichnen liessen. Damals signalisierte Studer wenig Interesse an dem noch sehr schmächtigen Bankverein, und darin dürfte auch ein Grund für Blums wenig herzliche Beziehung zu Studer gelegen haben. Doch schon an diesem 8. Dezember 1997 war es Blum, der als einziger, wenn auch subtil, die demonstrierte Harmonie störte. Er sehe überhaupt keine Probleme bei der Fusion, sagte Cabiallavetta, schliesslich habe die UBS ja die gleiche Kultur wie der Bankverein. «Unsere Kulturen sind schon verschieden», warf Blum da, sicherlich berechtigt, ein.

Und eigentlich wollte er nach der Bekanntgabe auch keine Interviews mehr geben, wie Marc Moret, der Verwaltungsratspräsident des Basler Pharmaunternehmens Sandoz, der seine Firma mit Ciba-Geigy zu Novartis fusioniert und sich dann in die Romandie zurückgezogen hatte. Doch Anfang Februar 1998 sollte er der Westschweizer Wirtschaftszeitung «Agefi» ein ausführliches Interview gewähren, in dem er mit der UBS hart ins Gericht ging. Sie habe im internationalen Geschäft «keine bedeutende Marke, keine Kundenfranchise und kein Verkaufsnetz wie SBC Warburg» gehabt. Und dann schloss er nicht aus, dass die Retailbank vielleicht verkauft werden würde – das war der letzte Geschäftsbereich, der zumindest nach aussen von der alten UBS geführt wurde. Ohne den wäre die Übernahme vollkommen gewesen. Das führte zu der peinlichen Situation, dass sich beide Banken in einem gemeinsamen Communiqué von den Äusserungen Blums, immerhin noch VR-Präsident des Bankvereins, distanzierten. Und als Anfang 1998 sein Einchecken im Widder, dem Nobelhotel der Bankgesellschaft in der Zürcher Innenstadt, nicht reibungslos klappte, geriet er ungewöhnlich schnell aus der Fassung, was sonst gar nicht seine Art war: «Kann diese Bank nicht einmal eine ordentliche Reservierung vornehmen?» blaffte er den Portier an.

So kam es dazu, dass sich die Ausschüsse nicht so schnell einigen konnten, wie Ospel das gern gesehen hätte. Eigentlich sollte am 21. November, dem Tag des traditionellen Herbstpressegespräches der UBS, die Bekanntgabe stattfinden. Dieser Pressetermin war in den siebziger Jahren vom damaligen VR-Präsidenten Philippe de Weck eingeführt worden, und so liess er sich jetzt nicht einfach absagen. Es kam zu einer grotesken Veranstaltung: Da sassen die sieben Konzernleitungsmitglieder der Bank, beherrscht von ihrem Leitwolf Cabiallavetta, und referierten über die Zukunft der Bank, obwohl sie deren Ende zu diesem Zeitpunkt längst beschlossen hatten. «Wir haben uns in phänomenaler Art und Weise der Transparenz verpflichtet», lobte sich Cabiallavetta selbst. «Unsere Risiko-Kontrolle ist sehr solide», erzählte der Handelschef Bonadurer. Es gäbe zwar einige Probleme in Japan, doch das sei nichts Ernstes.

Anlässe wie diese waren es, die die Glaubwürdigkeit der Managerkaste untergruben, auch wenn das erst im nachhinein deutlich wurde. Gewiss, schon aus aktienrechtlichen Gründen war die Bank verpflichtet, die bereits beschlossene Fusion zu verschweigen. Doch musste sie dann gleich, erstmals in ihrer Geschichte, detaillierte Gewinnprognosen für jede ihrer Sparten angeben, und das sogar bis ins Jahr 2001? Das war vorsätzliche Desinformation, die ihr zwar kurzfristig viel Lob einbrachte – selbst die «Financial Times» räumte ein, die Bank sei «langsam auf dem richtigen Weg» – langfristig jedoch auf sie selbst zurückfiel.

Diesen Vorwurf musste sich auch Studer gefallen lassen. Direkt nach der Genfer Sitzung vom 9. Oktober, als Cabiallavetta das Mandat zur Wiederaufnahme der Verhandlungen bekommen hatte, signalisierte er dem «Tages Anzeiger», der UBS in der Zürcher Presse am nahestehendsten, seine Bereitschaft für ein Interview. Seit seinem «Arena»-Auftritt hatte er die Öffentlichkeit gemieden. Die «Sonntagszeitung», die im selben Verlagshaus wie der «Tages Anzeiger» erscheint, brachte die Ankündigung des Studer-Interviews am 12. Oktober. Am 18. Oktober erschien es dann, zwei Tage nachdem Ospel und Cabiallavetta in Brüssel die Fusion beschlossen hatten, wovon Studer natürlich gewusst hatte. Studer wollte vor allem markieren, dass er nicht zurücktreten werde. Dann redete er noch von der Möglichkeit von grenzüberschreitenden Fusionen. «Aus Ihren vorsätzlichen Formulierungen leiten wir ab, dass etwas in der Pipeline ist», bemerkte dann Hanspeter Bürgin, stellvertretender Chefredaktor des «Tages Anzeigers» und langjähriger UBS-Kenner. Studer unterbrach energisch, wie die Zeitung ausdrücklich festhält: «Nein, das können Sie nicht ableiten.»

Manche Zeitungen spekulierten deshalb, Studer sei gar nicht informiert gewesen über die Verhandlungen. Doch das wäre schon rechtlich unmöglich gewesen, und stimmte, wie beschrieben, nachweislich nicht. Studer rechtfertigte sich im nachhinein gegenüber dem Autor damit, dass zu diesem Zeitpunkt die Verhandlungen zwar bereits wiederaufgenommen gewesen seien, ihr Erfolg jedoch noch nicht festgestanden habe. Doch die Fragestellung war ja sehr offen («etwas in der Pipeline»), und eine ehrliche Antwort hätte zu diesem Zeitpunkt nur «ja» lauten können. Gewiss, Studer hätte dies aus den erwähnten aktienrechtlichen Gründen nicht zugeben dürfen. Doch wie seriös ist es dann, in einer solchen Phase mit Interviews freiwillig an die Öffentlichkeit zu treten?

Am 5. Dezember, einem Freitag, wurden dann die Verwaltungsräte informiert und zum Zustimmen zusammengerufen. Die Ausschüsse hatten sich schliesslich auf ihre Kandidaten für den neuen Verwaltungsrat geeinigt. Aus dem UBS-Ausschuss waren Reinhart und Meyer geblieben, dazu nominierte die Bank Manfred Zobl, den Chef der Rentenanstalt, des grössten Schweizer Lebensversicherers, an der sie eine 25-Prozent-Beteiligung hielt. Beim Bankverein hatten aus dem Verwaltungsrats-Ausschuss der bekannte Aktienrechtler Peter Böckli und der Sika-Chef Hans Peter Ming überlebt, dazu wurde das Swissair-Konzernleitungsmitglied Georges Schorderet nominiert.

Dann trat an diesem Wochenende, als die Zeitungen schon voller Spekulationen waren, auch noch die dritte Schweizer Grossbank auf den Plan. Über Morgan Stanley, die US-Investmentbank, welche die UBS beriet, hatte CS-Chef Lukas Mühlemann aus New York Signale von der Fusion bekommen. Am Samstag rief er Ospel an. Dem

Strategen Mühlemann war klar, dass ein Zusammengehen von CS und Bankverein viel sinnvoller gewesen wäre. Denn gerade im Investmentbanking hätten sich die beiden ideal ergänzt – die CS mit ihrer starken Präsenz in Amerika, der Bankverein als führende Adresse in Europa. In den anderen Bereichen wäre die Situation ähnlich gewesen wie bei der UBS. Doch Ospel winkte ab. Zu diesem Zeitpunkt war es schon zu spät, die Verwaltungsräte der beiden Banken hatten ja bereits zugestimmt. Zudem, das war offensichtlich, hätten sich die CS-Investmentbanker mit ihren starken Amerikanern kaum so leicht übernehmen lassen wie die UBS. Dort konnte Ospel vollständig die Bedingungen diktieren. Und schliesslich wollte der Bankverein die Fusion ja weniger aus strategischen Gründen. Ihn interessierte vor allem die volle Kasse der Bankgesellschaft.

Das waren die Ereignisse des Jahres 1997, die für die UBS in dem bitteren 8. Dezember endeten. Sicherlich war Cabiallavetta dabei die treibende Kraft. Mit etwas Abstand sollte sich allerdings mancher UBS-Mitarbeiter fragen, ob Cabiallavetta nicht einfach überreagiert hatte in dieser absoluten Stresssituation. Denn nach all der negativen Presse, welche die UBS mit ihren Derivat-Verlusten gehabt hatte, tauchte Anfang März, bei der Bekanntgabe der Jahresabschlüsse eine Zahl auf, die auch dem Bankverein wenig schmeichelte. Auch er hatte im Handelsgeschäft im zweiten Halbjahr einen enormen Einbruch gehabt. Lag das Plus für die ersten sechs Monate noch bei über 40 Prozent, so blieben am Jahresende gerade noch drei Prozent.

Im Zinsenbereich war der Gewinn um fast 40 Prozent zurückgegangen, vor allem durch die Turbulenzen in Asien. Doch das drang erst an die Öffentlichkeit, als die Fusions-Verhandlungen schon abgeschlossen waren. Zwar hätte ein früheres Auftauchen dieses schwachen Ergebnisses kaum an der Vormachtstellung der SBC-Warburg-Leute im Investmentbanking gerüttelt, und beim Bankverein waren die Verluste auch keine Folge von Kontrollmängeln. Doch psychologisch wäre die Ausgangssituation für die UBS zweifellos besser gewesen. Eigentlich, so schien es im nachhinein, blieb der verschwiegenen Bankverein-Garde nur ein sehr kleines Zeitfenster, in dem sie keinerlei Konzessionen machen musste. Dieses hatte sie brilliant genutzt.

War also Cabiallavetta wirklich der Hauptschuldige für den Ausverkauf, wie die demoralisierten UBS-Mitarbeiter behaupteten? Oder war er nur der tragische Held? Denn in einem Punkt waren sich selbst seine grössten Kritiker einig: Die fatalen Weichenstellungen, die zum Ende der Bank führten, lagen länger zurück.

Zweiter Teil:
**10 Jahre Niedergang nach 125 Jahren Aufstieg –
warum der Bankgesellschaft nur noch die Fusion blieb**

7. Der Weg nach oben
Wie die Bankgesellschaft zur grössten Bank der Schweiz wurde und dabei eine Rivalität zwischen zwei aufstrebenden Nachwuchskräften namens Nikolaus Senn und Rainer E. Gut entstand.

Es war sein letzter grosser Auftritt. Mehr als 6000 Aktionäre, so viel wie noch nie, waren an diesem 9. April 1987 ins Zürcher Hallenstadion gekommen, und denen erklärte Robert Holzach noch einmal seine Sicht der Dinge. «Die Modewelle der Finanzinnovationen droht den langfristig denkenden Bankier zu verdrängen und durch den auf kurzfristigen Erfolg erpichten Verkäufer zu ersetzen», rief der Verwaltungsratspräsident der grössten und mächtigsten Bank des Landes ihnen zu. Da war sie wieder, seine Warnung vor dem neuen Bankertypus, mit dem er nichts gemein haben wollte. Für ihn sollte ein Bankier die Unternehmen mit Krediten versorgen und damit einer gesellschaftlichen Aufgabe nachgehen. Jene neue Generation jedoch, die sich an den explorierenden Finanzmärkten Millionen erspekulierte, verachtete er. Das waren für ihn Casino-Kapitalisten.

«Ertragserpichte Händlernaturen» war die stehende Wendung, mit der er diesen neuen Bankertypus bedachte. Genau so bezeichnete er sie auch an diesem Tag der Generalversammlung, und in diesem Moment dürfte der Mann links von ihm ein weiteres Mal zusammengezuckt sein. Denn Robert Studer hatte seine Karriere in der Bank als Devisenchef begründet, und die Bezeichnung Devisenhändler würde ihn immer wieder verfolgen, wenn der Vergleich des Nicht-Akademikers mit seinen Vorgängern als Konzernchef, Juristen und meist promoviert, anstand. Dennoch würde ihn der Verwaltungsrat vier Wochen später zum Chef bestimmen.

Zwei Plätze links von ihm sass ein 42jähriger Mann mit schwierigem Namen, den Studer gerade in die Generaldirektion gehievt hatte und der schon damals als der Star von morgen galt: Mathis Cabiallavetta. Auch für ihn hatte Holzach einen Satz parat. Die neuen Finanzinstrumente wie Optionen und Futures bewirkten eine Denaturierung der Märkte «zu einem Finanz- und Währungsroulette». Zehn Jahre später würde Cabiallavetta seine leidvollen Erfahrungen mit diesen Finanzinstrumenten machen und als der Mann in die Geschichte eingehen, der das stolze Symbol schweizerischer Bankierskunst dem Bankverein übergab.

Die Bank feierte ihr 125jähriges Jubiläum, und auch das tat sie standesgemäss. Aus 180 Militärkochkisten wurde der Rekordkulisse nach den üblichen Reden das Diner serviert: «Terrine de canard mit grünem Spargel», wie die Speisekarte genau festhielt, dann ein «Rôti de veau, sauce aux morilles, riz aux légumes», dazu ein St-Saphorin Jahrgang 1986. Alles das verteilt auf vier Hallen des Zürcher Messegeländes. Ein kulinarisches Mammutereignis dieser Dimension hatte die Schweiz bis dahin noch nicht gesehen. Die Bank war ganz oben, und das sollte sich eben auf jedem Gebiet zeigen. Sie war die grösste in der Schweiz, und das nach allen Kriterien: Bilanzsumme, Eigenmittel, Gewinn, Marktwert. Sie war der grösste Vermögensverwalter der Welt und rund um den Globus Inbegriff des noblen Schweizer Bankings. Die Konkurrenz von Kreditanstalt und Bankverein schaute neidvoll auf den Primus. Das hatte sie vor allem ihm zu verdanken, daran liess Robert Holzach keinen Zweifel. Er war auf dem Gipfel, und von dort blickten er und seine Weggefährten voller Genugtuung und Stolz auf den langen Weg zurück, der sie dorthin geführt hatte.

Vor 125 Jahren, 1862, war in Winterthur die «Bank in Winterthur» gegründet worden, um die Handels- und Industriekreise der Stadt vor allem bei ihren Auslandsgeschäften finanziell zu unterstützen. Paten waren die alteingesessenen protestantischen Winterthurer Familien, die auch 125 Jahre später noch in der Stadt den Ton angaben: Reinhart, Rieter, Sulzer, Volkart, Bühler. Ein Jahr später nahm in Toggenburg die Toggenburger Bank das Geschäft auf, eine typische Ostschweizer Volksbank mit vor allem ländlicher Kundschaft. Es folgte eine Fusion, mit erstaunlichen Parallelen zu den Ereignissen des Jahres 1997: Hier eine Bank mit starkem Auslandsgeschäft und internationalen Vorbildern, dort eine Bank mit starker Heimbasis, die über drei Jahrzehnte hinweg ein solides, aber wenig aufregendes Geschäft betrieben hatte. Auch sie zierte sich zunächst – als ihr die Bank in Winterthur 1911 ein Zusammengehen anbot, reagierte sie kühl. Sie wollte aus eigener Kraft zur Grossbank werden.

Erst ein Jahr später, nach einer Bankenfusionswelle, nahm sie das Angebot an. Die Kombination war zu verlockend. Die Bank in Winterthur brachte ihre internationalen Beziehungen ein, die Toggenburger Bank ihr starkes lokales Spar- und Hypothekargeschäft und ihr weitläufiges Filialnetz. Auch wenn das Zusammengehen als Fusion verkauft wurde, gaben in der neuen Bank doch ganz klar die Winterthurer den Ton an. Die Toggenburger versuchten sich zu wehren, indem sie zwar korrekt den neuen Namen «Schweizerische Bankgesellschaft» auf ihre Schilder schrieben, darunter jedoch in besonderer Schriftgrösse «Vormals Toggenburger Bank».

Doch das war nicht mehr als ein letzter provinzieller Reflex, der kaum länger als ein paar Monate durchzuhalten war. Die neue Bank eroberte schnell den Westen. Im Aargau, in Bern und im Tessin wurden Stützpunkte errichtet. Zum Hauptsitz entwickelte sich jedoch unangefochten Zürich. Dort hatte die Bank in Winterthur 1906 in der Bahnhofstrasse 44 ihre Niederlassung eröffnet. 1916, fünf Jahre nach der Fusion, platzten dann der Kassenraum und der Kundentresor aus allen Nähten, denn der erste Weltkrieg brachte eine grosse Menge Fluchtkapitalien kofferweise nach Zürich. Die Bank brauchte mehr Platz.

Noch in den Kriegsjahren wurde sie fündig. Direkt gegenüber ihrem bisherigen Sitz stand ein Gebäude zum Verkauf, und im Juni 1917 begann der Umzug in das neu erstellte Bankgebäude «Zum Münzhof». Seitdem war die Adresse «Bahnhofstrasse 45» weltweit der Inbegriff für die SBG. Von dort ging die Expansion weiter. Ende der zwanziger Jahre war die Bank in der gesamten Schweiz vertreten. Die Bilanzsumme war von 35 Millionen Franken im Gründungsjahr 1911 auf fast eine Milliarde gestiegen.

1931, gerade 26 Jahre alt, trat dann der Mann in die Bank ein, der sie prägen sollte wie niemand vor ihm: Alfred Schäfer, der Gründer der modernen SBG. Noch Jahre später, als die Studers und Cabiallavettas schon längst das Ruder übernommen hatten, würde die ältere Generation davon schwärmen, wie der universalgebildete Schäfer in Vorträgen etwa über die Donaumonarchie seine Zuhörer zu Tränen gerührt hatte. Der Jurist aus Aarau, Oberst, zu seinen Untergebenen stets kühl distanziert, doch sehr bestimmt, begann im Rechtsdienst und erlebte dort die schwierigsten Jahre der noch jungen Bank mit. Sie hatte sich vorsichtig ins Ausland vorgewagt, vor allem nach Deutschland und auf den Balkan.

Doch die Weltwirtschaftskrise machte alle Pläne zunichte. Die Bank musste ihr Aktienkapital 1933 von 100

Millionen Franken auf 80 Millionen und dann 1936 sogar auf 40 Millionen reduzieren. Auch da zeigte sich der Unterschied zum Bankverein und zur Kreditanstalt, schon damals die beiden grossen Rivalen. Sie bewältigten ihre Abschreibungen von rund 150 bis 200 Millionen Franken aus ihren stillen Reserven, ohne Aktienkapitalreduktion. Erst mit der Übernahme der Eidgenössischen Bank, die wegen ihrer Geschäfte mit Nazi-Deutschland ihre Unabhängigkeit aufgeben musste, erreichte die Bankgesellschaft 1946 wieder die Bilanzsumme von Ende der zwanziger Jahre.

Für Schäfer, seit 1941 Mitglied der zweiköpfigen Generaldirektion und seit 1953 ihr Präsident, war die Krise der 30er Jahre ein traumatisches Erlebnis. «Das ging so weit, dass bei irgendwelchen Konferenzen keine Zigarren serviert werden durften, dass man nur offenen Wein trank, dass in einer Direktorenkonferenz das Menu nie über 4.50 Franken kosten durfte», schrieb er in einem Rückblick. Gegenüber einer Expansion ins Ausland blieb er immer skeptisch. Doch er hatte einen Mitstreiter, der diese Zurückhaltung nicht teilte: Bruno Max Saager, der agile Börsenchef, der sich in den dreissiger Jahren vom einfachen Angestellten hochgedient hatte und 1958 in die Generaldirektion berufen wurde. Aus der Vorkriegszeit hatte er bereits internationale Kontakte, die er jetzt wiederbelebte. Saager knüpfte Kontakte ins zerstörte Deutschland, besonders zur Dresdner Bank. Und er war dafür verantwortlich, dass die Bankgesellschaft als erste bedeutende Bank Beziehungen aufnahm mit einem fernen Land: mit Südafrika, dem grössten Gold-Förderland der Welt.

Saager fiel auch der Hauptverdienst dafür zu, dass die SBG in den sechziger Jahren an den Rivalen vorbeiziehen und sich als klare Nummer eins in der Schweiz positionieren konnte. In den fünfziger Jahren war sie davon noch weit entfernt. Im Vergleich zu den feinen Adressen der Schweizer Grossbankenwelt – die Kreditanstalt als Bank des Zürcher Geldadels, der Bankverein als Institut der feinen Basler Kreise – war die SBG der hemdsärmelige Emporkömmling aus der Ostschweizer Provinz. Zwar meldete sie 1962 zum hundertjährigen Bestehen zum ersten Mal voller Stolz eine grössere Bilanzsumme als der Bankverein und die Kreditanstalt. Beim internationalen Aufbau lag sie jedoch klar hinter der Konkurrenz zurück – der Bankverein, schon immer die internationalste der drei Grossbanken, hatte bereits 1898 eine Filiale in London gegründet, 1939 kam dann New York hinzu. Auch die Kreditanstalt war dort seit dem gleichen Jahr mit einer Filiale präsent. All das hatte die SBG nicht. Es fehlte ihr schlicht an Mitteln. Die Eigenmittelbasis, für die Expansion elementar, war klar schwächer als die der Konkurrenz. Von einer nationalen, geschweige denn globalen Führungsrolle war die Bank noch weit entfernt.

Doch Saagers Instinkt und Zähigkeit sollten sich auszahlen. «Interhandel» nannte sich die Finanzholding, deren Aktie in den 50er Jahren die Schweizer Börse bewegte wie keine andere. Sie wurde Saagers Schicksal, und das der SBG. Selbst heute noch – Stand April 1998 – verfolgt sie die Bank und könnte sich auch für die neue UBS als Belastung herausstellen. Die komplizierte Geschichte begann 1925, als sich die fünf grössten deutschen Chemieunternehmen Bayer, BASF, Hoechst, Agfa und Casella zur IG Farben und damit zum mächtigsten Konzern Deutschlands zusammenschlossen. 1928 gründete die IG Farben in Basel einen Ableger namens IG Chemie, der dann 1945 in Interhandel umgetauft wurde. Die IG Farben übertrug der IG Chemie ihre gesamten Auslandsaktivitäten.

Die IG Farben wollte über die IG Chemie Zugang zu den Kapitalmärkten in der Schweiz und in den USA erhalten, und zudem wollte sie eine Konfiszierung ihrer Auslandsfirmen, wie sie die Vorläufer der IG Farben nach dem ersten Weltkrieg in den USA erlebt hatten, um jeden Preis vermeiden. Denn die wichtigste Beteiligung der neuen IG Chemie war die American IG Chemical Corporation mit Sitz im US-Bundesstaat Delaware. Sie produzierte in den USA vor allem Farbstoffe, Pharmazeutika und fotografische Produkte. Die IG-Chemie-Aktie wurde neben Zürich und Basel auch in Amsterdam, Rotterdam, Berlin und Frankfurt kotiert. Doch der Grossteil des Aktienbesitzes befand sich in Schweizer Händen. Die IG Chemie war die mit Abstand grösste Finanzgesellschaft in der Schweiz.

Die Kontrolle lag jedoch durch einen speziellen Vertrag weiterhin bei der IG Farben in Deutschland.

Mit der Machtübernahme Hitlers 1933 änderte sich die Situation jedoch. Zum einen forderte Nazi-Deutschland eine Rückführung aller ausländischen Vermögen, zum anderen bedrohte die Radikalisierung in Deutschland das Fortleben der Auslandstöchter in der Schweiz und den USA. Die Situation eskalierte mit dem Ausbruch des Krieges. Der IG Farben blieb keine andere Möglichkeit, als die Hoheit über ihre Auslandstöchter offiziell aufzugeben. 1940 kündigte sie den Vertrag, der ihr die Kontrolle über die IG Chemie sicherte. Um die neue Unabhängigkeit zu demonstrieren, wurde die wichtigste Tochter der IG Chemie, die American IG Chemical Corporation, umbenannt in General Aniline and Film Corporation (GAF).

Doch die Amerikaner glaubten nicht an die Unabhängigkeit der IG Chemie. Im Februar 1942, nach der Kriegserklärung Deutschlands an die USA, beschlagnahmten sie die GAF als feindliches Gut. Damit wurde die IG Chemie ihrer wichtigsten Beteiligung beraubt, denn die GAF machte etwa 80 Prozent ihrer Aktiven aus. Es begann ein Kampf um die Gesellschaft. Die Amerikaner und später die deutschen Rechtsnachfolger der liquidierten IG Farben versuchten zu beweisen, dass die IG Chemie – seit 1945 Interhandel – weiter von ihren deutschen Gründern beherrscht worden sei. Die Schweizer beharrten darauf, dass die Gesellschaft seit 1940 vollkommen unabhängig von Deutschland gewesen sei. Es folgte eine Reihe von Prozessen, in denen die Schweizer Regierung von den USA die Rückgabe der Interhandel forderte. Doch es kam zu keiner Einigung. Die Fronten waren verhärtet. Noch immer warteten die Schweizer Aktionäre vergeblich auf die Rückgabe der GAF, deren Ergebnisse sich sehen lassen konnten. 1962 erzielte sie einen Umsatz von 179 Millionen Dollar, der Gewinn lag bei 9,5 Millionen Dollar.

Saager hatte das Geschehen genau mitverfolgt, zumal natürlich auch die SBG Interhandel-Aktien hielt. Auf seine Initiative hin übernahmen die Grossbanken Ende der fünfziger Jahre weitgehend das Kommando bei Interhandel. Das sahen die Aktionäre gern, denn es verlieh den Rückgabe-Bemühungen mehr Glaubwürdigkeit. 1958 liessen sich die Vertreter der Grossbanken in den Verwaltungsrat wählen, als Vize-Präsident figurierte SBG-Chef Schäfer. Saager sicherte sich jedoch für die SBG das grösste Aktienpaket, denn er fürchtete, dass die beiden anderen Grossbanken die Kontrolle über Interhandel bekommen könnten, zumal die Gesellschaft in Basel zu Hause war und deshalb traditionell eher dem Bankverein zugeneigt gewesen wäre.

1961 zogen sich dann jedoch Bankverein und Kreditanstalt zurück – ihre Vertreter verliessen den Verwaltungsrat und verkauften den Grossteil ihrer Aktien. Das lag nicht nur daran, dass sie die jahrelangen Querelen um die Gesellschaft satt hatten und die Chancen für eine Herausgabe der GAF gering einschätzten. Vor allem sahen sie sich von der SBG als Feigenblatt missbraucht: Nach aussen verliehen sie den Rückgabe-Bemühungen Glaubwürdigkeit, doch sollte es wirklich zur Rückgabe kommen, würde davon vor allem die SBG profitieren.

Das tat sie dann auch. Saager und Schäfer hatten den frischen Wind der Kennedy-Administration geschickt genutzt. Über einen Bekannten Saagers hatten sie Kontakt zu Robert Kennedy aufgenommen, dem Justizminister und jüngeren Bruder des Präsidenten. Ende Februar 1963 fanden sie sich bei ihm in Washington ein. Er eröffnete ihnen, dass er das leidige Dossier vom Tisch haben wolle – seit Jahren beschäftige die Angelegenheit in seinem Departement 16 Leute, und neben einem Streitfall mit Indianern sei die Sache der zweitälteste Fall für das Justizdepartement. Schliesslich fanden die Kontrahenten einen Kompromiss: Die GAF wurde verkauft, und die Hälfte des Erlöses bekam der amerikanische Staat. Die andere Hälfte ging an die Interhandel-Aktionäre, in der Mehrheit Schweizer.

Das war der Durchbruch. Doch es folgte juristische Feinarbeit, die weitere zwei Jahre in Anspruch nahm. Denn die SBG war zwar grösster Aktionär der Interhandel, doch sie kontrollierte noch immer weniger als 20 Prozent der Aktien. Jetzt mussten die zahlreichen anderen Aktionäre, in den USA genauso wie in der Schweiz, überzeugt werden. Dabei taten sich besonders zwei junge Mitarbeiter Saagers hervor, deren Rivalität noch mehr als 30 Jahre später die Schweizer Finanzszene beherrschen sollte: In der Schweiz ein gewisser Nikolaus Senn, Jahrgang 1926, ein Jurist aus Herisau im Kanton Appenzell, der nach seinem Eintritt in die SBG zu Beginn der fünfziger Jahre fünf Jahre als Sekretär der Schweizerischen Bankiersvereinigung gearbeitet hatte und dann als Sekretär der Generaldirektion in Saagers Büro zurückgekommen war.

Und in New York ein junger Innerschweizer, der später hoch aufsteigen sollte: Rainer E. Gut. Dessen Vater, ein Direktor bei der Zuger Kantonalbank, hatte ihm dort die ersten Gehversuche ermöglicht. Doch Gut, Jahrgang 1932, zog es schnell ins Ausland. In Zürich hatte er seine amerikanische Frau kennengelernt, mit der er 1956 nach London zog. Dort war auch er Saager unterstellt, denn er arbeitete für den Broker Handsfort, über den die SBG damals ihre Londoner Börsengeschäfte abwickelte. 1963 ging Gut dann als Leiter der SBG-Vertretung nach New York. Diese war damals nur ein kleines Büro, das vor allem Repräsentationspflichten hatte und den Kontakt zu den Brokern der Wall Street halten sollte.

Doch die Interhandel-Affäre war für Gut die Chance zur Profilierung. Denn auch in den USA gab es zahlreiche Interhandel-Aktionäre, und damit der Verkauf reibungslos ablaufen konnte, mussten diese das Abkommen akzeptieren. Gut überzeugte beispielsweise die New Yorker Brokerfirma Carl Marks, die zahlreiche Interhandel-Aktien hielt, auf das Abkommen einzugehen, wie auch mehrere andere amerikanische Aktionärsgruppen. Das brachte ihm das Wohlwollen von ganz oben ein. «Passt mir auf den Gut auf, das ist ein guter Mann», soll Schäfer mehrmals gesagt haben.

Im März 1965, nach zwei weiteren Jahren juristischer Feinarbeit, war es dann soweit. Es kam zu der bis dahin grössten Auktion in der Geschichte der Wall Street. Im Beisein von Saager und Gut wurden die Offerten, vorher in versiegeltem Couvert eingegeben, geöffnet. Das höchste Angebot, eine Gemeinschaftsofferte der First Boston Corporation und der Blyth & Company, wurde angenommen. Die Interhandel bekam schliesslich genau 521 Millionen Franken für die GAF. Das war ein grosser Erfolg, den sich die SBG zuschreiben durfte. Doch auch wenn das Management klar bei ihr lag und Schäfer mittlerweile auch ihr VR-Präsident war, so war das Aktionariat noch immer breit gestreut. Saager wollte die Interhandel unabhängig lassen und aus ihr eine Bank für die Grossfinanz machen. Auf Geheiss der Generaldirektion arbeitete er einen genauen Plan aus. Als Partner und Aktionäre hatte er bereits die Dresdner Bank in Frankfurt und die englische Barclays Bank gewonnen.

Doch dann schlug die Stunde von Nikolaus Senn. Der Jurist, von Saager gefördert und Mitte 1966 zum stellvertretenden Generaldirektor aufgestiegen, brachte die Idee auf, die Interhandel vollständig zu übernehmen. Schäfer gab Senn grünes Licht, und Senn arbeitete unter Hochdruck alle Einzelheiten der Übernahme aus. Anfang 1967 stimmten die Generalversammlungen von SBG und Interhandel der Fusion zu. Die SBG hatte ihr Eigenkapital von 390 auf 960 Millionen Franken gesteigert. Damit war das Eigenkapitalproblem gelöst, und die Aufsteiger-Bank SBG hatte die arrivierten Rivalen Kreditanstalt und Bankverein mit einem Schlag hinter sich gelassen. Das würde Senn eine Stellung in der Bank bringen, die ihn automatisch für den Chefposten prädestinierte. Als erste Belohnung wurde er 1968 Generaldirektor und Chef des Finanzbereichs der Bank.

Doch die Interhandel-Fusion war damit noch nicht ausgestanden. Die Nachfolger der IG Farben versuchten mehrmals, vor Gericht zu beweisen, dass die Interhandel auch nach 1940 weiter von Deutschland beherrscht worden sei und die SBG sich die Gesellschaft deshalb widerrechtlich angeeignet habe. 1946 verfasste ein gewisser Albert Rees, damals junger Revisor bei der Schweizerischen Verrechnungsstelle, einen 500-Seiten-Bericht zu dieser Frage. Die Schweizerische Regierung hielt diesen sogenannten «Rees-Bericht» auch im April 1998 weiterhin unter Verschluss. Eine Veröffentlichung könne eine «ernsthafte Gefährdung der Interessen des Landes darstellen», hatte sie im Jahr 1987 entschieden. Die Bergier-Kommission jedoch, die im Auftrag der Regierung die

Zweite-Weltkriegs-Vergangenheit der Schweiz untersuchte, bekam 1997 Zugang zu dem Bericht. Ob daraus allerdings der Öffentlichkeit jemals eine separate Einschätzung zur Interhandel-Fusion vorgelegt wird, stand im April 1998 noch nicht fest. Sollte jedoch auch die Bergier-Kommission aufgrund des Rees-Berichts zu dem Schluss kommen, die Interhandel sei auch nach 1940 noch von Deutschland beherrscht worden, stünde auch die neue UBS vor einem grossen Problem.

Doch zurück ins Jahr 1966. Senn hatte durch Interhandel den Grundstein für seinen Aufstieg gelegt. Doch was geschah mit Gut, der auch stark zu dem Erfolg beigetragen hatte? Er war 1966 in New York in das Wall-Street-Brokerhaus Lazard Frères gewechselt, sah jedoch seine Zukunft weiter bei der SBG. Anfang der siebziger Jahre klopfte er bei der Bank an: Er habe ein Angebot von der Kreditanstalt, einen Direktorenposten mit dem Versprechen, Generaldirektor zu werden. «Das können wir dir nicht bieten», sagte Senn, der die Gespräche mit Gut führte und sich vorher mit Holzach abgestimmt hatte. Senn wusste, dass er den sechs Jahre jüngeren Gut damit verlieren würde, doch das schien er in Kauf zu nehmen. Sah er in Gut einen Rivalen, den er zudem um dessen internationale Erfahrung beneidete?

Der Ur-Schweizer Senn hatte nie grössere Erfahrung im Ausland gesammelt, und darunter soll er gelitten haben, berichteten Nahestehende. Auch dürfte ihm Gut mit seiner

Wall-Street-Erfahrung in Finanzangelegenheiten klar überlegen gewesen sein. Denn obwohl Senn Chef der Finanzabteilung war, galt die Leidenschaft des Juristen sicher nicht dem Börsengeschäft, und deswegen hatte er es auch weitgehend an seinen engen Freund Richard Schait übertragen. Nach diesem Gespräch war die Verbindung zwischen Gut und Senn zwar nicht vollkommen zerstört. Doch Gut, ehrgeiziger als Senn und wie alle Machtmenschen mit einem Elefantengedächtnis ausgestattet, sollte diese Abfuhr nicht vergessen, wie sich später zeigen würde. In seinem offiziellen Lebenslauf ist seine SBG-Zeit nicht erwähnt. Gut ging zur Kreditanstalt.

Hatte hier Senn persönliche Eitelkeiten über das Wohl der Bank gestellt? Denn er brauchte zu diesem Zeitpunkt dringend jemanden, der das internationale Geschäft der Bank aufbaute. Gut wäre zweifelsohne der richtige Mann gewesen. Kein anderer Schweizer Bankier hatte in so jungen Jahren bereits so hochkarätige internationale Erfahrungen sammeln können. Für die damalige Zeit war Guts internationaler Leistungsausweis mehr als beeindruckend. Doch Senn dürfte klar gewesen sein, dass Gut ihm gefährlich werden konnte. Also setzte er für die internationale Expansion lieber auf einen gewissen Robert Studer. Der war zwölf Jahre jünger als er und kaum der Typ, der seine Dominanz bedrohen würde. Jahre später war es dann Gut, dem es als erstem europäischen Bankier gelang, mit der First Boston eine führende Investmentbank an der Wall

Street zu kaufen. Die SBG unter Studer dagegen würde vor allem auf Eigenaufbau setzen. Und das sollte sich als fatal erweisen.

8. Ein ungleiches Paar
Wie der langjährige Chef Robert Holzach die Bank beherrschte und sie dann trotzdem den ungeliebten Männern aus der Finanzabteilung überlassen musste.

1968, als Senn den Finanzbereich übernahm, war dieser noch eine kleine Abteilung mit wenig Bedeutung. Die Bank war eine Schweizer Kommerzbank, ihr Geld verdiente sie mit dem heimischen Kreditgeschäft. Dazu kam ein solider Geldfluss von reichen Ausländern, die ihr Geld vor dem heimischen Fiskus in Sicherheit brachten und die SBG zum grössten Vermögensverwalter der Welt machen sollten. Auslandsgeschäfte gab es praktisch nicht. Anfragen etwa zur Geldvergabe an Ausländer wurden abgewiesen mit dem Vermerk «Kein Schweizer Bezug».

Und da gab es nur einen wirklich starken Mann, der sich als Nachfolger von Schäfer etablierte - Robert Holzach. Der führte nicht nur das Kreditgeschäft, das wichtigste der Bank. Ihm war auch das gesamte Niederlassungsnetz unterstellt. 1951, im Alter von 29 Jahren, hatte der Thurgauer, promovierter Jurist und Oberst auch er, bei der SBG begonnen. 1962 war er Chef der Kreditabteilung am Hauptsitz, und bereits vier Jahre später berief ihn Schäfer in die Generaldirektion und übertrug ihm das gesamte Kommerzgeschäft der Bank. Bankgeschäft - das war für Holzach recht simpel: Die Kunden bringen das

Geld, die Bank verleiht es zu einem höheren Preis weiter und fördert somit die Wirtschaft und ihr eigenes Wohlergehen.

Das war das Wesen des Kreditgeschäfts, das war die Leidenschaft des Junggesellen, darüber verfasste er sogar Bücher. Der zweite Stock im Hauptsitz an der Bahnhofstrasse 45, das war sein Reich, und für ihn war es die Bank. Die Leute im Finanzbereich im ersten Stock unter Senn, seine Gegenspieler, liess er gewähren. Doch eigentlich hielt er sie für Spielernaturen, die die Wirtschaft in ein grosses Roulette verwandelten. Ertragserpichte Händlernaturen eben. Mit der realen Wirtschaft hatten die doch noch nichts zu tun.

Doch Holzach brauchte Senns Wohlwollen, denn ohne dessen Interhandel-Coup hätte er die Expansion im Inland nicht so unerbittlich vorantreiben können, wie er es dann tat. Besonders in den siebziger und achtziger Jahren war das Tempo enorm. 1962 zählte die Bank 4800 Mitarbeiter und hatte gerade 90 Geschäftsstellen, 1985 waren es dann knapp 19 000 Mitarbeiter und 280 Geschäftsstellen in der Schweiz. Parallel zur Expansion verlief Holzachs Karriere. 1976, nach dem Rücktritt Schäfers, übernahm Holzach den Vorsitz der Generaldirektion.

Präsident des Verwaltungsrates wurde der Fribourger Aristokrat Phillipe de Weck. Der sah sich mehr als Sprecher und weniger als Leiter der Generaldirektion. Der Jurist, Jahrgang 1919, war 1953 durch den Verkauf der familieneigenen Bank Weck, Aeby & Cie. zur SBG gestossen und 1964 zum Generaldirektor befördert worden. Er hatte keinen der vier Geschäfsbereiche geleitet – neben Kommerz und Finanzen gab es noch Ausland und Dienste – und hatte sich vor allem um die Niederlassungen in der Westschweiz und im Tessin gekümmert. Dadurch fehlte es dem eloquenten Romand an der Hausmacht in der Zentrale. Zudem war er viel zu sehr Gentleman, um den Machtdrang Holzachs zu bremsen.

Holzach übernahm dann 1980 von de Weck den Verwaltungsrats-Vorsitz und damit das höchste Amt der Bank. Sein Nachfolger als Chef der Generaldirektion wurde Nikolaus Senn. So hatten die drei Männer, alle wie Schäfer Juristen und hochrangige Militärs, die Nachfolge Schäfers aufgeteilt. Doch das sei, so de Weck, nicht schriftlich fixiert gewesen, wie häufig spekuliert. «Es gab keinen Vertrag», sagte er einmal gegenüber dem Schweizer Nachrichtenmagazin «Facts». «Diese Lösung entsprach ganz einfach dem Geist der Mannschaft.»

Senn und Holzach, die beiden entscheidenden Vertreter der Nach-Schäfer-Ära, konnten kaum unterschiedlicher sein, auch wenn sie nach aussen beide die Militärbank repräsentierten. Zwar war Schäfer beiden ein Vorbild, in diesem Punkt waren sie sich für einmal einig. «Mit ihm ist ein Meteor erloschen», schrieb Holzach in seinem Nachruf auf Schäfer im September 1986, und dieser Satz stand dann auch im Geschäftsbericht. Holzach lebte das

Militärische auch voll in der Bank. Er war der allmächtige Chef, der bis in die kleinsten Details das Sagen haben wollte. Berühmt war seine schwarze Liste. Darauf standen Unternehmen, die nie von seiner Bank einen Kredit bekommen würden. Dass sich die SBG anders als Bankverein und Kreditanstalt nie mit dem Spekulanten Werner K. Rey einliess, war vor allem ihm zu verdanken. «Der wird von uns nie Geld bekommen», soll er schon sehr früh gesagt haben.

Doch auch bei der Personalauswahl war er unerbittlich. Ohne sein Wohlwollen machte niemand in der Bank Karriere. Von jedem der jungen Aspiranten hatte er Vorstellungen, wie weit sie kommen durften. Dazu hatte er ein fein ausgeklügeltes System aufgebaut. Anfang der siebziger Jahre hatte er in Ermatingen am Bodensee für die Bank ein früheres Schlossgut namens Wolfsberg gekauft. Er engagierte Ernst Mühlemann, Brigadier der Schweizer Armee, und stellte ihn als den «ersten zukünftigen Bundesrat der SBG» vor, denn der FDP-Politiker Mühlemann war ein angesehenes Mitglied des Schweizer Parlaments. Wolfsberg, für 30 Millionen Franken aufwendig renoviert und ausgebaut, wurde zur gediegensten Kaderschmiede der Schweiz und weit darüber hinaus. Später würde Holzach den Bau des Ausbildungszentrums Wolfsberg als seine grösste Leistung für die Bank bezeichnen. Mühlemann kam die Rolle des Königsmachers zu. 2000 SBG-Mitarbeiter durchliefen jedes Jahr seine militärisch geprägte Schule. Von jedem der aufstrebenden Nachwuchs-Manager konnte er ein genaues Leistungsbild erstellen. Und das meldete er natürlich seinem Chef Holzach.

Die Bank war Holzachs Leben, man konnte schon beinahe von Besessenheit sprechen. «Holzach wurde nicht gemocht, er wurde respektiert», beschrieb ein Weggefährte den Patriarchen. Freunde hatte er keine, wollte er auch nicht haben. Niemand duzte ihn in der Bank, auch das hatte er mit Schäfer gemeinsam. Er hatte nur Untergebene. Im ganzen Land hatte er eine loyale Truppe von Niederlassungsleitern, die vor allem ihm ihren Job verdankten. Doch sie bewunderten ihn auch für seine Leidenschaft. «Der kam am Montag ins Büro und sagte: Haben Sie dieses Buch gelesen? Machen wir wirklich alles richtig?» erinnerte sich ein Mitarbeiter. «Seine fortwährende Neugierde war unglaublich.»

Wie anders war es da doch im ersten Stock unter dem Appenzeller Senn. Da herrschte im Vergleich zum zweiten Stock geradezu Anarchie. Zwar konnte auch Senn seine Direktoren in brutalster Form zusammenstauchen. Auch gab er sich nach aussen gern als Militärfan. Als Hobby nannte er Heeresorganisation, Strategie und Taktik, und seine Interviews wimmelten von Kampfausdrücken wie «Schlachtfeld», «Kriegserklärung» oder «Frontalangriff». Auch suchte er seine Mitarbeiter mit Vorliebe nach Militärerfahrung aus. Generalstabsschul-Kurse seien eine «sehr wertvolle Lehrzeit», verkündete er 1986 in der «Bilanz»: «Viel besser als ein Management- oder Führungsinstitut mit dem allgemeinen Palaver.»

Doch das Militärische kam bei Senn vor allem zum Ausdruck, wenn es in Krisensituationen darum ging, instinktiv den nächsten richtigen Schritt zu tun. Pragmatisch, schlitzohrig, instinktsicher waren die Attribute, die man ihm zuschrieb, und sie sollte er später besonders im Kampf mit dem renitenten Grossaktionär Martin Ebner brauchen. Im Alltag setzte er auf Delegation. «Militärisch geführt ist der Finanzbereich nicht», sagten sich die Kommerzleute unter Holzach. «Er ist ein sehr angenehmer Chef», betonte jeder, der unter ihm gearbeitet hatte. Senn war einfach der Mensch, in dessen Gegenwart man sich wohl fühlte. Im Partykeller in seinem Haus in Herrliberg an der Zürcher Goldküste griff er zur Hammondorgel und stimmte Schlager an. Holzach dagegen verbreitete vor allem Distanz. Auch sein Fachgebiet verfolgte Senn deutlich weniger verbissen als Holzach. Ein Börsenfuchs wie sein Vorgänger Saager war er ja nicht.

Von Saager, den er einmal als seinen Lehrmeister bezeichnete, hatte er zudem die zahlreichen Verbindungen nach Südafrika übernommen, und seine Schwärmereien für die natürlichen Schönheiten führten ihn häufiger ans Kap. Und schliesslich war er passionierter Golfspieler. «Mein Handicap 12 ist für einen Geschäftsmann fast gefährlich tief», sagte er 1980 in einem Zeitungsinterview.

Ein solches Handicap liess sich schwerlich ohne mehrmaliges Trainieren pro Woche erzielen. Dem Asketen Holzach wäre Golfspielen nicht in den Sinn gekommen.

Die Charaktere waren so gegensätzlich, dass die Spannungen zwischen den beiden nicht ausblieben. Zwar drang davon nur wenig nach aussen, denn beide wussten, dass sie einander brauchten. In der Führungsetage der Bank jedoch liessen sich die Unterschiede nicht verheimlichen. «Jeder in der Geschäftsleitung wusste, was Holzach über Senn und was Senn über Holzach dachte», erinnerte sich ein Generaldirektor. «Und das war nicht sehr positiv.» Der besessene, detailverliebte und nicht selten despotische Holzach kratzte am Gemüt des leutseligen und harmoniebedürftigen Senn. Doch für die Bank war das nicht schlecht. Mancher Generaldirektor sollte mit Wehmut an diese Zeit zurückdenken: «Das System der «checks und balances» klappte sehr gut. Unter Holzach war zwar alles sehr formal, doch er konnte die Probleme mit einem Seziermesser zerlegen.»

Jeden Freitag vormittag liess Holzach seine Generaldirektion unter Senn diskutieren. Dann bat er sie zum gemeinsamen Mittagessen. Um 14 Uhr musste seine Generaldirektion dann bei ihm zum Rapport antreten. Nach dem autoritären VR-Präsidenten Schäfer hatte de Weck das Geschäft eher kollegial geführt. Holzach ging wieder zu Schäfers Stil zurück. Seine Leidenschaft, das Kommerzgeschäft, verfolgte er weiter. Jeder Kredit ab einer bestimmten Höhe musste weiterhin vom Verwaltungsrats-Präsidium, also ihm oder seinen vollamtlichen Vizepräsidenten, genehmigt werden. Das sah das Reglement der Bank vor. Bei allem was sie taten, wussten die Generaldirektoren der Bank: Holzach schaut zu.

Doch das grosse Problem eines jeden starken Chefs hatte Holzach nicht meisterlich gelöst. Es war ihm nicht gelungen, aus seinen Reihen einen Nachfolger aufzubauen. Lange Zeit galt Hans Heckmann, Ende der sechziger Jahre sein Stabschef, als Holzachs Ziehsohn. Doch nach seinem Aufstieg in die Generaldirektion hatte Heckmann immer häufiger Widerworte gegenüber seinem Lehrmeister Holzach entwickelt. Zudem soll der Puritaner Holzach Anstoss an dem lebensfrohen Lebensstil Heckmanns genommen haben. Zum Leiter über das mächtige Kommerzressort, noch immer das wichtigste der Bank, machte Holzach 1983 Peter Gross, der zu Beginn der siebziger Jahre sein Assistent im Bereich Dienste gewesen war. Die Berufung war ungewöhnlich: Gross war ein Seiteneinsteiger – er kam aus der Uhrenindustrie – und hatte keine Krediterfahrung. Doch Holzach setzte auf Gross, auch er promovierter Jurist. Lange waren die beiden ein eingeschworenes Duo, und Gross galt als der Holzach-Kandidat, wenn im Jahr 1987 der grosse Machtwechsel anstand.

Doch offiziell eröffnet war das Rennen nicht. Es war ein Tabu-Thema innerhalb der Bank, weil Holzach lange

offenliess, ob er nicht für weitere vier Jahre als Präsident antreten werde. Im kleinen Kreis liess er verlauten, dass er eigentlich noch gern vier Jahre weitermachen würde. Die Statuten hätten ihm ein Bleiben erlaubt, die Altersguillotine im Verwaltungsrat lag bei 70 Jahren, und Holzach war 65 Jahre alt. Doch da stellte sich Nikolaus Senn quer. «Wenn du jetzt nicht gehst, gehe ich», soll er gedroht haben. Angeblich hatte er ein Angebot als Verwaltungsratspräsident der Winterthur-Versicherung, mit der die Bank aufgrund der gemeinsamen Wurzeln traditionell verbunden war. Jetzt, im Alter von 60 Jahren, wollte sich Senn auf das VR-Präsidium seiner Bank zurückziehen. Die jahrelangen Fehden mit Holzach hatten ihn zermürbt. «Senn war müde», erinnerte sich ein Generaldirektor. Trotz aller Machtfülle – auf einen Eklat mit Senn wollte es Holzach nicht ankommen lassen. Dazu waren die Verdienste Senns zu gross. Und trotz aller Spannungen hatte Holzach Hochachtung vor Senn. Er beneidete seinen Instinkt und seine Fähigkeit, mit Leuten umgehen zu können.

Unterdessen wollte sich auch Gross dem Führungsanspruch Holzachs nicht einfach unterwerfen. Schnell verfeindeten sich die beiden. Holzach nahm noch in jeden wichtigen Fall Einsicht, und das erwartete er auch von Gross. Der setzte jedoch verstärkt auf Delegation und wollte als Bereichsleiter vor allem strukturelle Änderungen durchsetzen, wie etwa die Bildung spezieller Einsatzteams für notleidende Kredite. Es kam zu grossen Spannungen in den Präsidialsitzungen. Der Mann, der eine Zeitlang als möglicher neuer Konzernchef gehandelt wurde, war damit aus dem Rennen um die Senn-Nachfolge ausgeschieden.

Holzach wollte Gross sogar ganz aus der Bank haben. Er setzte Urs Rinderknecht, auch er eine Zeitlang Holzachs Assistent und dann Niederlassungsleiter in Tokio, an die Spitze des Kommerzbereichs. Gross schied von sich aus aus, in einer Schweizer Grossbank auf dieser Stufe ein ungewöhnlicher Schritt. So kam es, dass Holzachs Nachfolger nicht etwa aus seinen Reihen kam, dem noch immer klar grössten Bereich. Denn die Bank war noch immer vor allem eine Schweizer Kommerzbank. Von den knapp 20 000 Mitarbeitern Ende 1986 waren gerade 1000 im Ausland beschäftigt, und 12 000 Mitarbeiter – das gesamte Niederlassungsnetz sowie die Mitarbeiter in der Zentrale – waren im Kommerzbereich angesiedelt.

Doch jetzt übernahm der Finanzbereich unter Senn die Macht. Der Weg war endgültig frei für den Sohn eines Viscose-Arbeiters aus Luzern – Robert Studer, damals 49 Jahre alt. Gegenkandidaten gab es nach dem Streit Holzach-Gross nicht. «Das war immer ein Problem der SBG – es gab keine interne Konkurrenz», beurteilte ein langjähriger SBG-Mann die Lage im Jahr 1987, für die Bank ein Jahr der Weichenstellungen. Studer war 1957 nach einer kaufmännischen Lehre bei dem Luzerner

Detailhändler Max Schüpfer & Co. (Kaffee, Tee, Weine en gros) in die Bank eingetreten. Er hatte sich zunächst in der Börsenabteilung unter Senn hochgearbeitet. Er verkörperte einen Typ, den er später auch fördern sollte: Aus einfachen Verhältnissen, Nicht-Akademiker, wissbegierig, ehrgeizig, Dynamik versprühend, pragmatisch. Nach Aufenthalten in New York und Beirut galt er schnell als international erfahren. Als er 1974 in die Zentrale zurückkam, sollte er eigentlich in die Anlageberatung. Doch dann hatte der frisch gekorene Generaldirektor Robert Strebel einen Verlust von 150 Millionen im Devisenhandel produziert und musste zurücktreten.

Holzach und Senn, beide Inbegriff der ländlichen Ost-Schweizer Wurzeln der Bank, Ur-Schweizer und wenig mondän, waren schon damals angetan von dem jungen Mann mit den internationalen Allüren und dem korrekten Auftreten. Senn setzte seinen Zögling Studer als Chef der Devisenabteilung durch. Das war damals die internationalste der Bank. Studer unterstanden die Devisenbereiche in London, Tokio und New York. Viel Geld liess sich da zunächst nicht verdienen. Erst mit der Freigabe der Wechselkurse Anfang der siebziger Jahre war überhaupt ein Markt entstanden. Doch Studer hatte auch die Verantwortung für das Goldgeschäft, und da harmonierte er prächtig mit Senn. Denn der pflegte ja innige Beziehungen mit Südafrika, dem grössten Goldförderer der Welt.

Schnell hatte Studer den Ruf bekommen, der junge Star der Bank zu sein, auch wenn sich das kaum an den Resultaten ablesen liess. 1980, als Senn die Leitung der Generaldirektion übernahm und seinem Zögling Studer die Leitung seines Finanzbereichs übergab, lag der Anteil des Devisen- und Edelmetallhandels am Gesamtertrag der Bank noch immer bei knapp fünf Prozent. Auch diese Besetzung, Studers bis dahin wichtigster Karriereschritt, war unbestritten. Dass Senn da seinen langjährigen Weggefährten Robert Sutz, Leiter der Vermögensverwaltung, brüskierte, nahm er in Kauf. Senn hatte Studer auserkoren, die Auslandsexpansion durchzuziehen. Bis dahin hinkte die Bank ja in dieser Hinsicht den beiden feineren Konkurrenten deutlich hinterher. Erst 1967 hatte sie die erste Auslandsniederlassung in London gegründet, dann folgten Tokio und New York. Doch bislang betrieb sie dort nur das biedere Kreditgeschäft. Im glamourösen Investmentbanking, der Königsdisziplin der Wall Street, war sie bis dahin nicht vertreten. Das sollte Studer jetzt ändern.

Holzach jedoch blieb eingenommen, auch wenn er Studers Leistung kaum beurteilen konnte, denn der Mann aus Luzern hatte das Kommerzgeschäft ja immer gemieden. «Holzach imponierten seine guten Manieren und sein Filmstar-Gesicht», sagte ein enger Vertrauter Holzachs Jahre später. Zudem war Holzach auch angetan von Studers erstem grossen Coup, der Übernahme des Londoner

Brokerhauses Phillips & Drew im Jahre 1984. Vom Überraschungsangriff des Obersten Studer («Colonel Studer's surprise attack») sprach die «Financial Times», und in der Folge sollte in der englischsprachigen Presse kaum ein Artikel ohne das Klischee vom Colonel auskommen. Studer hatte das Seinige dazu getan. Wie später bei anderen Gelegenheiten, so trat er auch in London zunächst sehr forsch auf. «Wir warten nur darauf, andere Häuser zu kaufen», sagte er 1987 in der «Financial Times». Die schlechte Londoner Presse sollte ihn fast seine gesamte Amtszeit begleiten.

Doch die Jahre unter Studer als Chef des Finanzbereichs hatten die Mitarbeiter als angenehm empfunden. «Er war ein guter Chef – konnte gut delegieren, war anerkannt bei seinen Mitarbeitern, arbeitete viel», erinnerte sich ein Mitarbeiter. Die fetten Jahre vor dem Börsencrash 1987 liessen die Gewinne anschwellen. Als dann die Wahl anstand und Senn seinen Mann durchsetzte, gab es keine Gegenwehr. Erst später, als Studer schon gewählt war, wurde klar, dass die Akquisition von Phillips & Drew viel problematischer war als angekündigt. Ohne Gegenwehr, wenn auch mit leichtem Unbehagen wurde Studer zum neuen Präsidenten der Generaldirektion gekürt. Natürlich war Studer nicht unumstritten. In vertrautem Kreise liessen sich die SBG-Granden schon darüber aus, dass Studer nicht das intellektuelle Niveau seiner Vorgänger de Weck, Holzach und Senn habe.

So ging die Ära Holzach in der grössten Schweizer Bank zu Ende. Mit seinem Sendungsbewusstsein hatte er die Bank geprägt wie kein zweiter. «Kann unsere Zeit auf eine Elite verzichten?» war das Thema, zu dem er bei der Wolfsberg-Eröffnung sprach. Die Antwort war für ihn eindeutig. «Wir müssen die Grössten und Besten sein», war sein Credo. Das galt für alle Bereiche der Bank. Holzach bezeichnete sich beispielsweise auch als Baunarr, und deswegen musste der Tessiner Stararchitekt Mario Botta die SBG-Filiale in Basel bauen, und das edle Hotel Widder in Zürich musste für 130 Millionen Franken renoviert werden.

Das Geld war da, und an Verantwortung gegenüber dem Aktionär dachte damals noch niemand. Erst die Generation um Cabiallavetta würde später dieses Prunkdenken scharf kritisieren. Doch vor allem galt Holzachs Elitedenken seinem Geschäft, dem Kommerzbereich. Unter ihm hatte die Bank wie besessen das Kreditgeschäft vorangetrieben, das Filialnetz ausgebaut, die Ausleihungen erhöht. Er schlug ein Tempo an im inländischen Konkurrenzkampf, dem die Konkurrenten von Bankverein und Kreditanstalt nur hinterherhecheln konnten. Machte in einem Bergdorf einer der Rivalen eine Filiale auf, zogen die anderen sofort nach.

42 Milliarden Franken, so würde die Eidgenössische Bankenkommission 1997 vorrechnen, hatten die Schweizer Banken durch Immobilienkredite in den Jahren 1991

bis 1996 verloren, davon die Grossbanken 30 Milliarden. Der Grund für die Krise sei «vielfach unsorgfältige Geschäftspolitik» während der zweiten Hälfte der achtziger Jahre gewesen, betonte die Aufsichtsbehörde. Die SBG dürfte mit deutlich über 10 Milliarden am meisten abgeschrieben haben. Natürlich war das nicht Holzach direkt anzulasten. Ende der achtziger Jahre war kaum vorauszusehen, wie schlimm die Immobilienkrise die Schweiz treffen würde. Bis dahin hatten die Banken es als eine Krise empfunden, wenn die Preise einmal zwei Jahre nicht stiegen.

Doch ganz konnten sich die Bankiers nicht von der Schuld freisprechen – schliesslich lebten sie ja von der Richtigkeit ihrer Prognosen. Und auch der Blick über den Zaun hätte hilfreich sein können. Die amerikanische Citibank hatte bereits Mitte der achtziger Jahre wegen unvorsichtiger Ausleihpolitik über fünf Milliarden Dollar abschreiben müssen, und Anfang der neunziger Jahre griff auch die britische Barclays Bank zu Milliarden-Rückstellungen. Und schon zu Holzachs Zeiten gab es erste Anzeichen einer Krise aus Genf, wo die Verluste am höchsten sein sollten. So entwickelte sich die Bank in puncto Profitabilität schon unter Holzach langsam zu einer Bank, wie ihr grösster Kritiker Martin Ebner sie später darstellen sollte: Eine reine Vermögensverwaltungsbank.

Doch all das war an jenem Aprilnachmittag des Jahres 1987, vor der Rekordkulisse im Zürcher Hallenstadion, noch kein Thema. Erst später sollte der Zusammenbruch des Kommerzgeschäfts den Holzach-Zöglingen den Weg nach oben verbauen. Die Bank war auf ihrem Höhepunkt, und Holzach konnte trotz mancher Probleme auf eine erfolgreiche Ära zurückblicken. Er hatte die Bank hart geführt, doch niemand bestritt, dass er sie geführt hatte. Die Zukunft der Bank würde er den Leuten um Senn aus dem Finanzbereich überlassen müssen, den verhassten Händlernaturen. Der Niedergang begann.

9. Ein lustiger Herrenclub

Wie sich der Verwaltungsratspräsident Senn
vor allem ums Golfspielen kümmerte und sein
Konzernchef Robert Studer aus verletztem Stolz
eine strategische Kehrtwende vornahm.

Senn und Studer waren erleichtert, dass ihnen der energische Holzach nicht mehr im Nacken sass. Zwar war Holzach noch immer präsent: Als Ehrenpräsident behielt er das Büro, das früher im dritten Stock des Hauptgebäudes der legendäre Alfred Schäfer belegt hatte, und er kam praktisch jeden Tag. Auch war er stets anwesend bei den Verwaltungsrats-Sitzungen, die allerdings nur alle zwei Monate stattfanden und bei denen er meist eisern schwieg. Zudem hatte er seinen Adlatus Rinderknecht als Chef des Kommerzbereiches plaziert. Dennoch – in dem Moment, in dem der Präsident sein Amt verlor, verlor er auch seine Macht, da waren die Gesetze in den Grossunternehmen unerbittlich. Es war unbestritten eine neue Zeit angebrochen, und die war dramatisch anders.

Nie wurde das so deutlich wie am 5. Januar 1993, einem Dienstag, an dem es zu der bis dahin grössten Schweizer Bankenfusion seit dem Zweiten Weltkrieg kommen sollte. Der Verwaltungsrat der SBG tagte in der Bahnhofstrasse 45, genauso wie derjenige der Kreditanstalt am Paradeplatz 8, gerade 500 Meter voneinander entfernt. Für beide gab es nur ein Traktandum: Der Kauf der Schweizerischen Volksbank, der viertgrössten Bank des Landes. Seit zwei Monaten buhlten beide um die Gunst des Berner Instituts, das vor allem kleinere und mittlere Betriebe im Inland betreute. Bei der SBG war Studer die treibende Kraft, die Senn überzeugt hatte. Mit dem Verwaltungsrats-Präsidenten der Volksbank war er sich weitgehend einig. Über mehrere Stunden hinweg präsentierte Senn seinem 24köpfigen Verwaltungsrat das Übernahmeangebot. Von der Stärkung des Inlandgeschäfts war da die Rede, vom Zugang zu neuen Kundensegmenten.

Die Verwaltungsräte nickten, wie üblich. Viele von ihnen waren über Kreuzverflechtungen mit der SBG verbunden, und zudem war das Gremium stark nach politischen und regionalen Kriterien zusammengesetzt. Es fehlte schlicht an Fachkenntnissen, um die Bank wirklich kontrollieren zu können. Nur einer hatte Widerworte: Christoph Blocher, Unternehmer, SVP-Nationalrat, bekanntester Europa-Gegner des Landes und 1981 von Holzach in den Verwaltungsrat geholt. «Seit fünf Jahren erzählt ihr uns von der Expansion ins Ausland», soll er gesagt haben. «Und jetzt wollt ihr auf einmal im Inland noch grösser werden?»

Doch das änderte nichts. Der Verwaltungsrat nahm den Antrag zum Kauf der Volksbank an, bei einer Gegenstimme von Blocher und einer Enthaltung von Bruno de Kalbermatten, dem Präsidenten des Lausanner Maschinenherstellers Bobst. Es war Abend geworden, und so ging der gesamte Verwaltungsrat zum Essen in den SBG-Speisesaal. Senn, volkstümlich, verzehrte gerade seine Bratwurst, als Studer niedergeschlagen hineinkam und ihm eine traurige Mitteilung überbrachte: «Es hat nicht geklappt, die CS Holding hat den Zuschlag bekommen.» Eigentlich hätte auch Senn deprimiert sein müssen. Immerhin hatte er ja den gesamten Verwaltungsrat auf den Kauf eingeschworen. Doch nichts davon. Er warf die Arme in die Luft. «Umso besser», rief er. «Dann ist dieser Kelch an uns vorbeigegangen.» Fröhlich ass er seine Bratwurst zu Ende. Als die Verwaltungsräte anschliessend das Gebäude verliessen, nickten sich die beiden zu: Es war besser, dass man das nicht gemacht hatte. Innerhalb von zwei Stunden hatte die grösste Schweizer Bank ihre Strategie – falls sich das so bezeichnen liess – um 180 Grad gedreht.

Im nachhinein, als die grossen Kredit-Probleme der Volksbank ans Licht kamen, war die Bankgesellschaft froh, dass ihr Angebot abgelehnt worden war, und so verkaufte sie es auch der Öffentlichkeit. Doch im Moment war es eine grosse persönliche Niederlage für Studer, die ihn stark mitnahm und seinem Ansehen innerhalb der Bank schadete. Der Mann, der intern sein ganzes Prestige in die Waagschale geworfen hatte, fühlte sich verraten. Er stand da als der Luzerner Lehrling, der sich von dem gerissenen Wall-Street-Hai Gut hatte über den Tisch ziehen lassen. Gut hatte am Präsidenten vorbei den Verwaltungsrat der Volksbank damit gelockt, dass die Volksbank innerhalb der CS-Gruppe ihren Namen behalten und deutlich eigenständiger als unter der SBG sein würde. Das war die Rache des Mannes, den Senn zu Beginn der siebziger Jahre hatte abblitzen lassen. Jetzt hatte er Studer, den Senn ihm damals vorgezogen hatte, empfindlich getroffen. «Mit einem Supercoup hat Rainer E. Gut seine SKA/CS-Gruppe zum grössten Bankkonzern der CH hochgeboxt – und damit auf einen Streich seinen Erzrivalen Robert Studer, Chef der Bankgesellschaft, als mächtigsten Schweizer Bankier entthront», schrieb der «Blick».

Der Fall der Volksbank zeigte eindrücklich, wie sehr sich das Verwaltungsrats-Präsidium gewandelt hatte. Ein wirkliches Kontrollorgan wie unter Holzach war das Gremium nicht mehr. Für den umgänglichen Senn war die Generaldirektion eher eine grosse Familie. «Senn wollte die Bank am liebsten wie einen lustigen Herrenclub führen», erinnerte sich ein Generaldirektor. Das bestätigten Aussagen von Senn selbst. «Wir sind die lustigsten», sagte er in Interviews über seine Bank, und das demonstrierte er mehrfach. «Ich habe eine Bombe in meinem Koffer», rief er einmal bei Sitzungen mit den schwerbewachten deutschen Bankiers. Die konnten darüber gar nicht lachen. Der hemdsärmelige Senn war immer für ein Bonmot zu haben, da war er ganz anders als sein Vorgänger Holzach und sein Nachfolger Studer.

Zudem war sein Erholungsbedürfnis im Vergleich zu früher noch gestiegen. «Ich tu' furchtbar gerne nichts. Strecke alle viere von mir, geniesse ein Glas Wein und einen Teller Spaghetti», sagte er 1990 der «Schweizer Illustrierten». Gerade in den ersten Jahren seiner Amtszeit, als es noch keine Bedrohung namens Martin Ebner gab, wurde er viel auf dem Golfplatz gesehen. Senn war Mitglied in nicht weniger als vier Golfclubs – Schönenberg, Hittnau, Lenzerheide, Niederbühren. Im Sommer verbrachte er immer mindestens sechs Wochen in seinem Ferienhaus in Parpan unweit von Lenzerheide. Für die kalten Wintermonate hatte er ein Haus in Florida. Und schliesslich war er weiterhin Verwaltungsrats-Mitglied der AG für Plantagen, einer Gesellschaft, die in Südafrika ein Weingut betrieb. Das erforderte einige Besuche. In dem Verwaltungsrat sass übrigens auch Anton Rupert, einer der reichsten Männer vom Kap und Besitzer des Tabakkonzerns Rothmanns. Der versorgte Senn mit Dunhill- und Rothmanns-King-Size-Zigaretten («mein grosses Laster»). Als Rupert 1988 seine Auslandsaktivitäten in die Compagnie Financière Richemont in den Niedrigsteuerkanton Zug verlegte, übernahm Senn das VR-Präsidium.

So entstand ein Vakuum, das Studer nutzte. «Er führte die Bank unauffällig», sagte ein Generaldirektor. «Doch er führte sie.» Studer war der starke Mann der Nach-Holzach-Ära, und nicht Senn, wie es zuweilen nach aussen schien. Senn liess seinen Zögling machen. Und für

Studer sollte die Volksbank-Niederlage einen entscheidenden Wendepunkt seiner Amtszeit bedeuten.

Als er 1988 angetreten war, hatte er nur ein grosses Ziel: Das Auslandsgeschäft erfolgreich aufzubauen. Das alte Erbe der Schweizer Kommerzbank Holzachscher Prägung wollte Studer endgültig hinter sich lassen. Im Inland wollte er konsolidieren, im Ausland aggressiv wachsen. Das war naheliegend, schliesslich waren die Wachstumschancen als Marktführer im Inland bescheiden. Doch es gab einen zentralen Unterschied zwischen dem geglückten Inlandaufbau und der Expansion im Ausland. Holzach konnte von sich und seinem Fachgebiet noch zu Recht behaupten, er sei der Beste. Im Kreditgeschäft machte ihm niemand etwas vor, und weil die Bank zu seiner Zeit eben noch vor allem eine Schweizer Kommerzbank war, hatte sie einen Chef, der verstand, was sie tat. Das war bei der Auslandsexpansion anders.

Zwar verwendete Senn mit Vorliebe englische Fachausdrücke. In seinen Interviews wimmelte es nur so von Begriffen wie «Cash flow», «Wholesale Banking» oder «Money laundering». Doch im Innersten war er ein Ur-Schweizer, der sich auf dem internationalen Finanzparkett in London oder New York eher verloren vorkam. Ihm lag vor allem das Schweizer Gemeinwesen am Herzen. Senn war der profilierteste Kämpfer gegen die Bankeninitiative, mit der die Schweizer SP 1984 die Bankenmacht beschränken wollte. «Die Schweizer Banken zwischen Politik und Geschäftstätigkeit» war das Thema einer seiner Wolfsberg-Schriften. Zur 700-Jahr-Feier der Schweiz 1991 liess er in seiner Rede an der Generalversammlung nicht weniger als neun Seiten zum «Sonderfall Schweiz» einfügen. Und wenn es ihn überhaupt ins Ausland zog, dann eben am liebsten ins ländlich-rohe Südafrika.

Auch sein Zögling Studer, dem er den Aufbau übertragen hatte, gab sich zwar gern international. Doch auch ihn beschrieben enge Mitarbeiter als einen sehr geraden, sehr formalen, fast zu ehrlichen Schweizer, um gegen die gerissenen Akteure in den Finanzmetropolen bestehen zu können. Er war in der Innerschweiz in einfachen Verhältnissen aufgewachsen und hatte es im Militär, der wichtigsten Schule für die Charakterbildung eines wahren Schweizers, zum Obersten gebracht. Das Militärische verfolgte er auch in der Bank, auch wenn er immer auf die Unterschiede zwischen militärischer und ziviler Führung hinwies. Er war jemand, der zunächst immer sehr selbstbewusst auftrat. Liefen dann in der Folgezeit die Dinge nicht so gut, löste das nicht etwa – zumindest nicht offen – Selbstkritik aus. Die Kritiker aus der Presse und aus dem Aktionariat waren für ihn vor allem Feinde, denen es zu trotzen galt.

Hier sollte der asketische Luzerner, der in seiner Freizeit Marathon lief, eine Leidensfähigkeit entwickeln, die schon fast übermenschlich war. Dem Druck seiner Feinde standzuhalten, wie stark diese auch sein mochten, war für den nervenstarken Mann eine Tugend. Das war das Militärische an ihm. Die entscheidende Frage jedoch, ob der Druck und die Kritik berechtigt waren, blendete er weitgehend aus. Für ihn war es ein Wert an sich, an einem einmal gefassten Entscheid festzuhalten, auch wenn der sich im nachhinein als falsch herausstellen sollte. Sturheit war für ihn eine Tugend. Das verlieh ihm nicht gerade die Flexibilität, die zur Eroberung der ausländischen Märkte gefragt war.

Zudem fehlte Senn und Studer schlicht das Fachwissen, um gegen die harten Investmentbanker von der Wall Street bestehen zu können. Denn das Investmentbanking war nun einmal eine uramerikanische Disziplin. So wagte sich das Tandem in Märkte vor, auf denen sie kaum bestehen konnten, doch in dem Glauben, die Besten zu sein. Denn diesen hatten sie von Holzach übernommen. «Wir wollen die Besten sein», proklamierte auch Studer 1990 unmissverständlich in der Mitarbeiterzeitschrift. Immer mehr jedoch, das sollte sich später zeigen, mussten sie das Geschäft aus der Hand geben und den Angelsachsen übertragen, wenn sie Erfolg haben wollten.

Das führte dazu, dass die hochbezahlten Händler und Investmentbanker in London oder New York mit der Zeit immer stärker auf ihre Herren in Zürich hinabschauten. Vor diesem Dilemma standen alle kontinentaleuropäischen Banken, die sich ins Investmentbanking nach

London und New York vorwagten. Zu lösen war es nur, indem man den Amerikanern auch Top-Management-Posten gab, was der Bankverein als erster und später auch die CS einsahen. Nur die Bankgesellschaft sträubte sich noch bis zum bitteren Ende dagegen. «Ausländer sind in dieser Bank Bürger zweiter Klasse», versicherte jeder Nicht-Schweizer auch noch 1997.

Doch dieses Gefühl von der Überlegenheit der eigenen Mentalität bezog sich nicht nur auf einzelne Posten. Die ganze Auslandsexpansion wurde mit diesem Denken angegangen. Auch da spielte eine beinahe traumatische Erfahrung Studers eine zentrale Rolle. Phillips & Drew, Studers Londoner Akquisition, die ihm den Chefposten gebracht hatte, hatte sich nicht als das Juwel herausgestellt, als das Studer es verkauft hatte. «Sieh mal, wie effizient die hier arbeiten», hatte Studer seinen Zürcher Kollegen noch ganz stolz gesagt, als die erstmals Mitte der achtziger Jahre nach London kamen, um die Neuerwerbung zu begutachten. Doch die wunderten sich nur. «In den Korridoren stapelten sich Berge von Papier, das habe ich noch nie gesehen», erzählten sie sich schon damals. «Die Logistik war eine einzige Katastrophe.»

Von effizientem Arbeiten war nichts zu sehen. Phillips & Drew war eine alte englische Partnerschaft mit starkem Kundengeschäft, jedoch einem miserablen Back Office. Die Verarbeitung und die Kontrolle waren in katastrophalem Zustand. Studer hatte unterschätzt, wie schwach die

Führungsmannschaft von Phillips & Drew war. Der Börsencrash von 1987 machte das jedoch dann drastisch deutlich. Abrupt zog Studer die Notbremse: Die bisherigen Partner, die die Bank laut Vertrag eigentlich noch einige Jahre führen sollten, wurden in beidseitigem Einvernehmen vor die Tür gesetzt. Rudi Müller, bis dahin Börsenchef in Zürich, übernahm das Regiment in London.

Die Rivalitäten zwischen Zürich und London, welche die Bank von diesem Zeitpunkt an beherrschten, nahmen spätestens hier ihren Anfang. Intern galt die Situation auf dem grössten Auslandsstützpunkt der SBG nur als «Londoner Puff». Zwar bestritt niemand, dass die Expansion ins Ausland und die Konzentration auf London, den wichtigsten europäischen Finanzplatz, richtig war. Doch das hohe Lehrgeld hätte man, so die gängige Meinung, bei besserer Prüfung vermeiden können. Das blieb an Studer hängen, denn Phillips & Drew war sein Baby. «Da war ich zu weich», räumte er im Dezember 1991 in einem Interview ein.

Auch die Häme aus London liess nicht lange auf sich warten. «The high price of coming to London», titelte die «Financial Times» im Februar 1989 und stellte einmal mehr auf das Klischee vom Obersten Studer ab. Höhepunkt war das angesehene Finanzmagazin «Euromoney», das in der Ausgabe vom Juli 1989 einen Studer in feldgrüner Uniform zeigte, der sich den Fuss hielt, das Gewehr unter ihm liegend. «Has UBS's Studer shot himself in the foot?» lautete die Frage auf dem Titelbild. Eine Milliarde Dollar, so rechnete das Blatt vor, habe die Bank bisher in den Aufbau des Investmentbankings investiert. «Wird sich das jemals auszahlen?». Es sollte nicht bei dieser einen Milliarde bleiben, und die De-facto-Vernichtung der Investmentbank im Frühjahr 1998 sollte die Antwort auf diese Frage geben.

Die Londoner Pleite führte auch zu einer Abkühlung zwischen Holzach und Studer. Holzach gab mehr oder weniger offen zu verstehen, dass er von der Auslandsexpansion seines Schützlings nicht viel hielt. Doch damit geriet er immer mehr in die Rolle eines tragischen grossen Mannes, der seinen Abschied verpasst hatte. Denn dass der Schritt ins internationale Geschäft richtig war, bestritt kaum jemand in der Bank, es war nur eine Frage der Methode. Und Holzachs Warnungen gegen die moderne Finanzwelt wirkten kaum noch zeitgemäss. Das Ende des Systems Holzach mussten auch die Kaderschmiede Wolfsberg und deren Chef Ernst Mühlemann erfahren. Seine Rolle als Königsmacher verlor Mühlemann. Studer nutzte den Wolfsberg lange nicht so intensiv wie seine Vorgänger. Holzach, Senn und auch de Weck gaben in der edlen Ausbildungsstätte auch private Feste. Studer fühlte sich dort nie wirklich zu Hause.

Doch seine Machtbasis war nicht gefestigt genug, als dass sich Studer radikal von Holzach hätte distanzieren können. Die Generaldirektoren registrierten, dass Studer immer diplomatisch blieb und sich nie negativ äusserte. Immerhin hätte er ohne Holzachs Unterstützung den Chefposten nie bekommen. Zudem war er immer sehr kontrolliert. Zumindest das hatte er mit Holzach gemein. Auch beim Golfspiel war er sehr nervenstark und mit seinem Handicap von elf der Primus in der Generaldirektion. Wenn Senn jedoch auf dem Golfplatz in Lenzerheide nach getanem Spiel nach mehr Wein rief, sass Studer ernst daneben. Er ging praktisch nie aus sich heraus. Auch sein Sprachstil war nie emotional, sondern immer mit konstanter Lautstärke und wenig Mimik oder Gestik. Nur manchmal hob er den Zeigefinger.

Die Phillips & Drew-Probleme, seine erste grosse Krise, hatten ihn viel vorsichtiger gemacht. Von seinem forschen Londoner Auftreten zu Beginn – «Wir warten nur darauf, Broker zu kaufen» – war nicht mehr viel geblieben. Im Sommer 1987 hatte er Verhandlungen mit dem Broker Hill Samuel aufgenommen, und die drangen umgehend in die Öffentlichkeit und sorgten für einen Riesenwirbel. Doch diesmal zog Studer zurück. Ruckartig blies er die ganze Transaktion ab. Ein richtiger Schritt, wie sich im nachhinein herausstellen sollte, denn Hill Samuel war noch maroder als Phillips & Drew. Doch viel verheerender als die Verluste – die konnte die Bank mit Eigenmitteln von damals zehn Milliarden Franken gut verkraften – war die Lehre, die aus der Phillips & Drew-Pleite gezogen wurde.

Die Bank suchte die Fehler nicht etwa bei einem zu laxen Prüfprozess oder gar bei sich selbst. Der Bankverein hatte nach den Kreditpleiten im Auslandsgeschäft Ende der achtziger Jahre seine Kultur in Frage gestellt, die Kreditanstalt hatte aus dem Milliardendebakel von Chiasso in den siebziger Jahren ihre Lehren gezogen. Nichts davon bei der Bankgesellschaft. Das Fazit des Londoner Abenteuers, der ersten grossen internationalen Akquisition, war vielmehr: Was man nicht selbst aufgebaut hat, hat keine Qualität. Die Strategie des Eigenaufbaus war geboren.

Zwar bestritt Studer im April 1998 gegenüber dem Autor, dass er vor allem auf Eigenaufbau gesetzt habe: «Wir haben immer gesagt: Akquisitionen stehen für uns im Vordergrund, wenn sich unser Ziel dadurch schneller erreichen lässt.» Doch ein ausführlicher Artikel in der «NZZ» vom 16. Juni 1992 mit dem Titel «Expansion aus eigener Kraft – zeitaufwendiger aber erfolgversprechender» machte das kaum deutlich. «Für die SBG besteht kein Anlass, von der bisherigen Strategie im Auslandsgeschäft abzurücken. ... Sie will ihren weiteren Auf- und Ausbau im Ausland aus eigenen Kräften bewerkstelligen. Übernahmen sollen auch in Zukunft die Ausnahme bleiben und nur dort erfolgen, wo damit die Aufbauarbeit wesentlich verkürzt werden kann. ... Gesamthaft beansprucht die **eigenständige Auslandsexpansion allerdings mehr Zeit, aber sie bringt weniger Rückschläge und auch kleinere Probleme mit sich**», hiess es dort.

Studers sich abzeichnende Akquisitions-Aversion wurde durch die anderen zwei grösseren Übernahmen seiner Amtszeit noch verstärkt. 1989 kaufte die Bank ihrem damaligen Verwaltungsrat Stephan Schmidheiny die Zürcher Privatbank PBZ ab. «In spätestens zwei Jahren wird die Bank ein Bijou sein», verkündete Studer damals. Nach Ablauf der zwei Jahre wurde die PBZ praktisch aufgelöst – sie wurde in die Hyposwiss, eine andere Privatbank-Tochter, integriert. Der Verlust soll bei über 300 Millionen Franken gelegen haben.

Und 1990 folgte dann nach Phillips & Drew die zweite Akquisition im Ausland. Stephan Haeringer, damals für die Vermögensverwaltung zuständig, setzte den Kauf der Chase Investors, eines New Yorker Verwalters für institutionelle Vermögen durch. Nach den leidvollen Erfahrungen mit Phillips & Drew war Haeringer sehr detailbesessen vorgegangen. Er leitete die Verhandlungen und prüfte die Braut Chase eingehend. Es war ein Fehlschlag auf der ganzen Linie, wie niemand in der Bank bestritt. Die Chase hatte nur wenige amerikanische Kunden. Sie war in den siebziger Jahren vor allem als Auslandsvehikel für Petrodollars gegründet worden. Ihre Kunden kamen deshalb vor allem aus dem Nahen Osten, dazu gab es auch japanische Anleger. Für den Einstieg in den amerikanischen Markt war sie ungeeignet.

So führten Studers wenig erfolgreiche Erfahrungen mit Akquisitionen zu einer Vorsicht, die seine gesamte Amtszeit prägen sollte. Er war ja angetreten mit einem doppelten Ziel: Die Auslandsexpansion aggressiv voranzutreiben und das Inlandsgeschäft effizienter zu machen. Doch durch die Fehlakquisitionen in den beiden zentralen Gebieten des Auslandsgeschäfts, im Investmentbanking und dem Asset Management, war sein Elan für einen aggressiven Auslandsaufbau schnell gebrochen. Das war fatal. Denn das Hauptproblem mit der ersten grossen Auslandsakquisition war, dass die UBS zu früh gekauft hatte. Phillips & Drew war ein Broker der alten englischen Art, und mit dem Big Bang in der Londoner City, der Deregulierung im Jahr 1987, blieb nicht mehr viel von ihm übrig. De facto musste die UBS in London, wie auch in New York, ihr Geschäft praktisch vollständig neu aufbauen. Die neue Finanz-Generation stellten Hochtechnologie-Finanzhäuser wie O'Connor dar, das der Bankverein Ende der achtziger Jahre übernahm. Doch da war die SBG bereits weitgehend traumatisiert. Und als sich dann das Konsolidierungstempo seit Beginn der neunziger Jahre massiv verschärfte, stand sie mit ihrer Strategie des Eigenaufbaus schlecht da.

Und auch die zweite Zielsetzung, die Produktivitätssteigerung im Inland, wurde nicht erreicht. Studers Niederlage im Kampf um die Volksbank führte zu einer radikalen Kehrtwende. Anfang 1992 hatte die Bank fürs Inlandsgeschäft noch ein Programm namens «Marketing 2000» gestartet. Studer war selbst vor die Presse getreten und hatte die ehrgeizigen Ziele verkündet: Die Kosteneffizienz sollte um 20 bis 25 Prozent steigen, 2000 Arbeitsplätze sollten im Heimmarkt abgebaut werden. Und notleidenden Regionalbanken signalisierte Studer unmissverständlich: «Unser Appetit ist nicht gewaltig.»

Doch seitdem ihm Gut die Volksbank weggeschnappt hatte, war alles anders. Sieben Regionalbanken übernahm die Bank zwischen 1994 und 1996, von der Solothurner Handelsbank bis zur Ersparniskasse Langenthal. Im September 1994 wiederholte sich Studers Volksbank-Trauma sogar noch einmal, wenn auch in kleinerer Dimension. Wieder reichte auch er zusammen mit seinem CS-Erzfeind Gut eine Offerte ein, diesmal für die Neue Aargauer Bank, der grössten Regionalbank der Schweiz. Und auch diesmal bekam Gut den Zuschlag. Das stachelte Studer, in seinem Ego gekränkt, noch mehr an. «Wir wollen im inländischen Kreditgeschäft Marktanteile gewinnen», sagte er noch im August 1995 der «Berner Zeitung», als die Dimension des inländischen Kreditdebakels intern schon lange feststand und jedem Bankier klar war, dass hier nur Geld zu verlieren war. Von der Produktivitätssteigerung im Inland war keine Rede mehr. An der denkwürdigen Fusions-Generalversammlung vom 3. Februar 1998 sollte Studer dann stolz verkünden, die Zahl der Arbeitsplätze in der Schweiz sei von 22 400 1991 nur auf 21 400 1996 gesunken. Das zeige, dass der Vorwurf der Arbeitsplatzvernichtung unberechtigt sei.

So führten zwei Fehlschläge – die problematische Auslandsakquisition und die verpasste Volksbank-Übernahme – zu einer totalen Richtungsänderung im Vergleich zu Studers ursprünglichen Zielen. Schnelle Expansion im Ausland, Konsolidierung im Inland hiess die Devise bei seinem Amtsantritt. Expansion im Inland, verlangsamter Aufbau im Ausland war das Ergebnis. Das war fatal in einer Zeit, in der sich das Tempo der weltweiten Finanzindustrie ständig verschärfte.

Für Aussenstehende bot die Bank das Bild eines schlummernden Riesen. Das Triple-A, die Höchstbewertung der Rating-Agenturen, sei für ihn «ganz klar von strategischer Bedeutung», sagte er im Mai 1993 im «Wall Street Journal». Die hohe Eigenkapitaldecke sei auch sehr wichtig, betonte Studer. «Träge, aber solide», bewertete das New Yorker Finanzblatt die Bank. «Dull but sound: For UBS, leadership in banking means playing it safe», lautete die Überschrift des Artikels. De facto verfolgte die Bank nach Studers ersten Fehlschlägen eine No-Risk-Strategie. Den Spitzen-Banker jedoch zeichnete eben gerade aus, dass er Risiken besser einschätzen konnte als seine Konkurrenten, und dass er dann mit dem Eingehen dieser Risiken einen Vorsprung hatte und Geld verdiente. Doch Studers Bank war weitgehend dazu übergegangen, überhaupt keine Risiken mehr einzugehen. Das sollte sich langfristig als das grösste Risiko herausstellen.

10. Ein Messer für die Matrix
Wie Studer der Bank eine verheerende
Organisationsform verordnete und wie seine beiden
Ziehsöhne Mathis Cabiallavetta
und Stephan Haeringer dagegen vorgingen.

Das einschneidendste Ereignis der Amtszeit Studers war zweifellos die Einführung der neuen Konzernstruktur Mitte 1991. Fast das gesamte Jahr 1990 hatte die 12köpfige Generaldirektion über diesem Thema gebrütet. Ob am Hauptsitz, auf dem Rigi am Vierwaldstätter-See oder auf dem Wolfsberg – Studer regte eine breite Diskussion an über die Frage, wie die Bank am besten organisiert sein sollte. Sein Ziel war klar: Er, der Mann der Internationalisierung, wollte aus der Schweizer Bank – noch immer kamen fast 90 Prozent des Gewinns aus dem Heimmarkt – eine globale Bank machen. Deshalb sollten die Regionen aufgewertet werden. «Wir müssen eine Struktur schaffen, die auch in zehn Jahren noch Bestand hat, wenn die Schweiz vielleicht nur noch 50 Prozent des Gewinnes bringt», betonte Studer. Die Schlussfolgerung für ihn war eindeutig: Es brauchte nicht nur eine Region Schweiz mit klarer Führung, sondern vier weitere Regionen, die langfristig die gleiche Bedeutung bekommen sollten wie der Heimmarkt: Europa, Nordamerika, Asien und Japan.

Nach Studers Plänen sollte es jetzt für jede der vier Auslandsregionen einen Chef mit starken Kompetenzen geben, ausgestattet mit dem starken Titel eines Chief Executive Officers. Zwar sollten diese CEOs zuerst einmal noch Schweizer sein, doch langfristig sollten die Regionen dann zu selbständigen Einheiten mit einem einheimischen Chef werden. Dazu kam der Heimmarkt Schweiz mit einer eigenen Geschäftsleitung. Parallel dazu sollte es eine Konzernleitung geben, welche die Verantwortung für die globalen Sparten – Kreditgeschäft, Corporate Finance, Handel und Risk Management, Vermögensverwaltung, Logistik – hatte und sich primär um den Aufbau im Ausland kümmern sollte.

Vorher gab es eine Generaldirektion. Jetzt sollte es praktisch drei Ebenen geben: Die Konzernleitung, die Geschäftsleitung Schweiz und die erweiterte Konzernleitung, der die beiden erstgenannten Gremien und zusätzlich die vier Regionenchefs angehörten. Die Konzernleitung stand jedoch nicht über der Geschäftsleitung Schweiz oder den Regionenchefs – sie hatte zwar Fachverantwortung, wie sich das betriebswirtschaftlich nannte, aber nicht Linienverantwortung. Alle drei Gremien rapportierten nur an einen: Robert Studer, der sich jetzt nicht mehr wie bisher Präsident der Generaldirektion, sondern Präsident der Konzernleitung nannte.

Welches Denken steckte hinter dieser neuen Struktur? Es war eben ein stark regionales Denken, geprägt von der

Zeit des Kalten Krieges und einer Finanzwelt, die noch nicht zusammengewachsen war. «Do in Rome as the Romans do», war Studers bezeichnendes Motto. In dieser grossen Welt mit ihren enormen regionalen Unterschieden sah sich Studer als Oberaufseher seiner fünf Banken, die jede für sich mit den lokalen Widrigkeiten vor Ort kämpften. Doch genau zu diesem Zeitpunkt zeichnete sich ab, dass dieses regionale Denken überholt war. Denn Anfang der neunziger Jahre begann, was später als «Globalisierung» bezeichnet werden sollte. Die rasanten Fortschritte in der Informationstechnologie revolutionierten das Geschäft, die politischen Barrieren waren zusammengebrochen. Es entstand ein globaler Finanzmarkt.

Bezeichnenderweise ging der Bankverein zur selben Zeit, 1991, in die gegensätzliche Richtung. Zwar blieb er im Heimmarkt Schweiz eine Universalbank. Doch im Ausland setzte Marcel Ospel, für die internationale Strategie verantwortlich, global geführte Produktlinien durch. Die Regionalfürsten im Ausland wurden sukzessive entmachtet. Das war eben der Unterschied: Beim Bankverein konnte die neue Generation in dieser zentralen Frage bereits entscheiden, weil das alte Management unter Walter Frehner und Blum, wie Studer mit dem Regionendenken gross geworden, im Ausland einen Trümmerhaufen hinterlassen und intern jegliche Glaubwürdigkeit verspielt hatte. Bei der SBG jedoch hatte noch die alte Garde das Sagen, die eher regional als global dachte.

So stärkte die SBG die Macht ihrer Regionalfürsten in einer Zeit, in der sich alle grossen Häuser mit der Globalisierung auch globale Sparten gaben. Nach aussen waren diese Organisationsunterschiede nicht gross wahrnehmbar. Doch intern war dieser Schritt - und die Unfähigkeit, ihn zu korrigieren - eine der entscheidenden Weichenstellungen, welche die Bank in den nächsten Jahren massiv ins Hintertreffen bringen sollte. Im Prinzip war die UBS mit ihrer Struktur im Sommer 1997 dort, wo der Bankverein sechs Jahre zuvor gewesen war. Was wäre aus der Bank geworden, wenn sie 1991 in die andere Richtung gegangen wäre? Vielleicht hätte sie dann wirklich aus eigener Kraft Studers Ziel erreichen können: Am Ende des Jahrzehnts zu einer der führenden Banken der Welt zu zählen. Denn da waren sich alle Top-Manager der Bank einig: Mit ihrer enormen Kapitalkraft hätte ihre SBG nicht nur die beste Bank der Schweiz bleiben können, sie hätte es wirklich zu den besten Banken der Welt bringen können.

Natürlich gab es Widerstände in der Generaldirektion gegen die neue Struktur, und die wurden auch schriftlich geäussert. Doch Studer liess sich nicht davon abbringen. Im nachhinein brüstete er sich damit, dass er nicht nachgegeben hatte. «Ich hatte am Anfang meine Idee, und die habe ich bis zum Ende durchgehalten und durchgesetzt», sagte er hinterher voller Stolz in engem Kreise. Da war sie wieder, die Idee von der Sturheit als Tugend. Dass Studer nicht merkte, dass er damit die gesamte Diskussion ad absurdum geführt hatte, war typisch für ihn. «Wenn er einmal eine Meinung gefasst hat, ist es praktisch unmöglich, ihn davon abzubringen», lautete das Fazit der Generaldirektoren.

In der Endphase wurde zwar noch die Unternehmensberatung Boston Consulting Group beigezogen, doch das diente vor allem der Absegnung des schon Beschlossenen. In der Bankgesellschaft waren Beratungsfirmen anders als bei der Kreditanstalt oder dem Bankverein traditionell nicht sehr hoch angesehen, selbst McKinsey bekam nur sehr kleine Aufträge. Die Führung meinte eben, alles sehr gut zu wissen. Die Boston Consulting Group wies auf die Schieflage der Matrix hin – es sei wenig sinnvoll, den Schweiz-Chef nicht in die Konzernleitung aufzunehmen, wenn dort der Grossteil der Erträge anfiel. Das würde auch später ein ständiger Kritikpunkt sein. Denn dass die Schweiz auf die gleiche Ebene gestellt wurde wie die anderen Regionen war zwar formal richtig, jedoch völlig praxisfern. Wie liessen sich etwa die SBG Japan, die kaum die Grösse einer mittleren Kantonalbank hatte, mit der SBG Schweiz mit ihren mehr als 20 000 Mitarbeitern vergleichen?

Doch Studer liess sich nicht beirren. Auch mit Senn gab es in diesem Punkt Diskussionen. Doch dann gab Senn wie üblich nach. «Die noch bessere Bearbeitung lokaler Märkte im Ausland soll durch eine vermehrte

Regionalisierung der Organisationsstruktur und durch Delegation grösserer Kompetenzen vor Ort erreicht werden», gab sich Senn im Februar 1991 in einem Zeitungsinterview als Anhänger der neuen Strukur. Auch der Verwaltungsrat verabschiedete sie ohne Gegenwehr. Die Materie war einfach viel zu komplex und das Banken-Know-how zu gering, als dass es Widerspruch hätte geben können. So trat die Matrix-Struktur im Juli 1991 in Kraft.

Die Auswirkungen waren verheerend, und nicht wenige Top-Manager sahen in der Einführung dieser Struktur das Hauptproblem für den Niedergang. Sie brachte das Ende der relativen Harmonie in der Geschäftsleitung. Bis dahin hatte es zwölf Generaldirektoren gegeben. Die hatten jeden Freitag vormittag diskutiert, teilweise sehr lebhaft, und waren dann immer zu einstimmigen Beschlüssen gekommen, was zu einer starken Geschlossenheit führte. «Wir waren trotz mancher Differenzen eine verschworene Truppe», erinnerte sich ein Generaldirektor. Und ein anderer langjähriger Generaldirektor bestätigte: «Studer hat zugelassen, dass sich die bis dahin enge Gemeinschaft in der Generaldirektion auseinandergelebt hat.»

Die neue Struktur schuf eine Zwei-Klassen-Gesellschaft, wobei unklar war, wer die zweite Klasse bildete. Da war einmal die Geschäftsleitung Schweiz, der inklusive ihres Vorsitzenden Urs Rinderknecht sechs Generaldirektoren angehörten. Sie rapportierte direkt an Studer und war noch immer für mehr als 80 Prozent der Erträge der Bank und fast 90 Prozent des Gewinns verantwortlich. Damit sah sie sich als wichtigstes Gremium der Bank. In dieser Geschäftsleitung Schweiz gab es einen Generaldirektor für das Kreditgeschäft, einen für die Logistik, einen für die Vermögensverwaltung. Jeden Donnerstag morgen kamen sie zusammen.

Dazu gab es die Konzernleitung mit den globalen Spartenverantwortlichen, allerdings mit den grösstenteils gleichen Gebieten wie in der Schweiz: Kreditgeschäft, Vermögensverwaltung, Logistik. Die Konzernleitung hatte den bisherigen Freitagstermin für ihre Sitzungen übernommen, schon das ein Symbol, dass sie sich für das wahre Führungsgremium der Bank hielt. Zunächst fanden die Sitzungen nur alle zwei Wochen statt, denn durch die globale Verantwortung waren die Konzernleitungsmitglieder viel unterwegs. Sie sahen sich als globale Sparten-Chefs, und für sie zählte auch der Heimmarkt zum Globus. Deshalb sahen sie sich als Vorgesetzte der Geschäftsleitung Schweiz.

Das wollte diese wiederum nicht akzeptieren. «Es findet folglich ausdrücklich keine Über- oder Unterstellung statt», betonte der Schweiz-Chef Rinderknecht in der hauseigenen Mitarbeiterzeitschrift. «Die Geschäftsleitung Schweiz verfügt betragsmässig über die gleichen Geschäftskompetenzen wie die Konzernleitung. Die Geschäftsleitung Schweiz trägt mit anderen Worten die volle Ergebnis- und Führungsverantwortung für den Markt Schweiz – sowohl für das Stammhaus als auch für die Konzerngesellschaften. Linienmässig ist sie dem Präsidenten der Konzernleitung unterstellt. ... Das Schwergewicht der Verantwortung der Spartenleiter bezieht sich auf die Auslandsregionen.»

Immer wieder gab es Diskussionen, ob nicht der Schweiz-Chef Rinderknecht in die Konzernleitung hätte aufgenommen werden müssen. Der wollte zwar gerne, doch seine Mitstreiter stellten sich quer. Denn das hätte nicht nur das Regionenkonzept durchbrochen. Es wäre vor allem einem Eingeständnis gleichgekommen, dass die Konzernleitung ihnen überstellt war. Doch das wollten sie ja auf keinen Fall hinnehmen. So verschlissen sich die Generaldirektoren in Machtkämpfen und Eifersüchteleien, weil niemand die Verantwortlichkeit des anderen Gremiums akzeptieren wollte. Zwar kamen sie noch einmal im Monat alle zusammen. Doch das war nur formal. Ein Generaldirektor brachte auf den Punkt, was alle fühlten: «Wir hatten uns vollkommen entfremdet.»

Wenn frühere langjährige Generaldirektoren mal wieder in die Bank kamen, wunderten sie sich nur noch über die Machtkämpfe in der Führungsetage. Auch die Kader auf Direktionsstufe klagten ihr Leid. «Es gibt keine Entscheide mehr, der eine sagt dies, der andere sagt das.» Jede grössere Entscheidung brauchte mindestens zwei

Zustimmungen – die des Spartenverantwortlichen und die des Schweiz-Verantwortlichen. Lähmung war die Folge. Die Kader auf Direktionsstufe, die darunter zu leiden hatten, schenkten sich gegenseitig Messer. «Damit du die Matrix überlebst», stand dabei.

Doch zu Konflikten kam es nicht nur zwischen den Schweizer Generaldirektoren und den Spartenchefs. Auch die Auslandschefs wollten sich nicht den Spartenchefs unterordnen. Sie sahen sich durch die Reform als unabhängige Regionen-Chefs, die nur dem Konzernchef unterstanden. Jeder baute eine kleine SBG auf, die er befehligte, lokal geführt und wenig koordiniert. Lim Ho Kee, der die Operation in Singapur aufgebaut hatte, erklärte praktisch seine Unabhängigkeit vom Hauptsitz. Und auch Markus Rohrbasser, 1993 als Nachfolger von Pierre de Weck Nordamerika-Chef geworden, wollte sich ebenfalls nicht von den Spartenchefs in der Konzernleitung reinreden lassen. Die Spannungen waren enorm. Rohrbasser liess schon einmal die gesamte Konzernleitung nach New York einfliegen, weil er sich von ihr keine Weisungen erteilen lassen wollte.

Studers Konzept der fünf unabhängigen Banken zeigte sich besonders bei der Informatik. 1974 hatte die Bank ein ehrgeiziges Grossrechner-Projekt namens Ubisco begraben müssen. Doch das stellte sich im nachhinein als ein grosser Vorteil heraus, denn die Bank entwickelte im Inland ein dezentrales System namens Abacus, ein

Vorläufer der späteren Client/Server-Architektur, und damit war sie den beiden grossen Konkurrenten mit ihren IBM-Grossrechnern voraus. Abacus sollte ja dann nach der Fusion auch den Zuschlag gegenüber dem Bankvereinsystem bekommen. Es gab zwar kurzzeitig einmal Pläne, diese einheitliche Plattform auch auf das Ausland zu übertragen, doch mit den rasanten Fortschritten in der Informationstechnologie wurden diese schnell verworfen. So gab es keine einheitliche Plattform. Jeder Regionenchef entschied autonom über seine Systeme.

Gelöst wurden all diese Probleme nicht. Von wem denn auch? Sicher nicht vom harmoniebedürftigen Senn. Für den war das alles kein Problem. «Jetzt reisst euch aber mal zusammen», war sein steter Kommentar, wenn ihm die Generaldirektoren ihr Leid klagten. Vor der Zwei-Teilung der Generaldirektion verschloss er die Augen. «Für mich gibt es nur eine Generaldirektion», sagte er immer. Und Studer? Der hatte stark an Macht gewonnen. Als Präsident der Konzernleitung war er der einzige, den alle rivalisierenden Ebenen als Chef anerkannten. Grössere Konflikte zwischen den verschiedenen Gremien habe es nie gegeben, betonte er dann auch im April 1998 gegenüber dem Autor. «Das liess sich alles lösen.»

Studers Machtzuwachs lag zudem auch darin begründet, dass die Zahl der Führungspositionen durch die neue Struktur gestiegen war. Die neuen Generaldirektoren suchte er natürlich selbst aus. Auch da gab es Parallelen zu Holzach: Der hatte in den siebziger Jahren die Zahl der Niederlassungen in der Schweiz drastisch erhöht und sich dadurch eine loyale Gefolgschaft gesichert. Doch Holzach hatte wenigstens noch auf frisches Blut gesetzt: Er hatte Peter Gross aus der Uhrenindustrie geholt, und mit Heinrich Steinmann und Hubert Huschke zwei hochkarätige Techniker für die Logistik eingestellt.

Doch das war jetzt vorbei. Studer pflegte das «divide et impera!» ohne Einflüsse von aussen. Den alten Kampf zwischen dem Kommerzbereich und dem Finanzbereich entschied er jetzt endgültig für die Finanzer. Dabei hatte er es einfach: Langsam zeichnete sich ab, dass die Bank in den achtziger Jahren viel zu grosszügig mit ihren Krediten gewesen war. Die Rückstellungen wurden immer höher. Die Holzach-Leute wurden zwar noch gebraucht, Aufstiegspotential hatten sie jedoch keines mehr.

So wurde Robert Favarger, der als Niederlassungsleiter Genf für die grössten Sünden in diesem Bereich verantwortlich war, sogar zum vollamtlichen Vizepräsidenten des Verwaltungsrates gemacht. Das lag vor allem darin begründet, dass die grossen Kredite ja noch immer vom Präsidium abgesegnet wurden, und der Präsident Senn kannte sich in diesem Geschäft nicht aus. Auf Spartenebene lag das Kommerzgeschäft bei dem früheren Holzach-Assistenten Heckmann, der dann 1995 die Favarger-Rolle im Verwaltungsrat übernahm. In der Schweiz war der Generaldirektor Heinz Müller zuständig, sowie Rinderknecht als Vorsitzender der Geschäftsleitung.

Besonders zwei junge Männer förderte Studer, und diese beiden sollten besonders eindrücklich die Matrix-Struktur unterminieren und einen Pakt bilden, der selbst die Fusion überleben sollte: Mathis Cabiallavetta und Stephan Haeringer.

Cabiallavetta war nach seiner Rückkehr aus Kanada 1971 als 26jähriger zur Bank gekommen. Er hatte in der volkswirtschaftlichen Abteilung begonnen, doch dass der energiegeladene Graubündner bei trockenen Analysen kaum am richtigen Platz war, zeigte sich schnell. Studer hatte sich Mitte der siebziger Jahre gerade als Devisenchef etabliert, und er wollte natürlich weiter nach oben. Und wie Senn ihn gezielt gefördert hatte, so suchte auch er jetzt nach einem Ziehsohn. Er liess sich vom Wolfsberg die Namen der besten Nachwuchs-Kräfte geben, und da stand Cabiallavetta vorn. Mit seinem dynamischen Macherhabitus hatte er auch die Dozenten überzeugt, auch wenn sie ihn auf seine zu grosse Impulsivität aufmerksam gemacht hatten. Studer begann, Cabiallavetta systematisch aufzubauen. Er habe Cabiallavetta «aus der volkswirtschaftlichen Abteilung herausgeholt», sagte er 1988 der «Bilanz», und dann dessen Beförderung zum Vizedirektor zwei Jahre zurückgestellt: «Du musst die zwei Jahre erst einmal wie ein Schüler unten durch.»

Als Studer selbst 1980 von Senn den Finanzbereich übernahm, übergab er den Devisenbereich an Cabiallavetta. Diese Abteilung gehörte nicht zum Finanzbereich, sondern war dem Bereich Ausland zugeordnet. Doch Studer nahm sie praktisch dort heraus, indem er Cabiallavetta weiterhin ausschliesslich an sich rapportieren liess. Cabiallavetta nahm auch an den Sitzungen des Finanzbereichs teil. 1987, nach Studers Ernennung zum Konzernchef, hievte er ihn als jüngsten Mann in die Generaldirektion. In der Bank galt Cabiallavetta spätestens seit diesem Zeitpunkt als natürlicher Nachfolger Studers, das war auch in der Generaldirektion unbestritten. Die beiden waren ein extrem enges Gespann. Der Bereich Ausland wurde in International umbenannt, und Cabiallavetta war der neue Bereichsleiter von Studers Gnaden. Zusätzlich zu den Devisen hatte er jetzt auch Länderverantwortung. Doch das war mehr eine Koordinationsaufgabe. Beiden war klar: Der Devisenbereich allein war zu klein, um ihn an die Spitze bringen zu können. Er brauchte einen anderen Geldbringer.

Für Ulrich Grete war der Weg in die Generaldirektion unter Holzach versperrt. «Solange ich hier etwas zu sagen habe, wird der kein Generaldirektor», soll Holzach mehrmals verkündet haben. Grete war ein Einzelgänger, der jedem direkt seine Meinung sagte und dadurch fast überall unbeliebt war. Holzach hielt ihn für sozial ungeeignet, um Führungsaufgaben wahrzunehmen. Vor allem für

Kundenbetreuung erschien er wenig geeignet. Doch Grete war ein Zögling von Senn. In dessen Finanzbereich hatte er sich erste Sporen abverdient, und beide waren sie promovierte Juristen. Sofort nachdem Holzach den Präsidentensessel geräumt hatte, machte Senn Grete zum Generaldirektor und übertrug ihm praktisch das gesamte Investmentbanking der Bank – den profitablen Handel mit Aktien und Anleihen und die Unternehmensfinanzierung (Corporate Finance). Auch Studer schien zu Beginn recht viel von Grete zu halten.

Doch bei der Einführung der Matrix-Struktur 1991 zeigte sich einmal mehr, dass nicht Senn, sondern Studer der starke Mann der Bank war. Grete wurde sein einträglichstes Standbein, der gesamte Handel, weggenommen und an Cabiallavetta übertragen. Nur so konnte der die Ergebnisse bringen, die er trotz aller Patronage brauchte, um an die Spitze zu gelangen. Das mag auch fachliche Gründe gehabt haben. Cabiallavetta ging voll im Devisengeschäft auf und lebte mit den Märkten, und diese Begeisterung sollte er jetzt auch auf den Aktien- und Anleihenhandel übertragen. Grete dagegen blieb immer kühl. Doch diese Umbesetzung führte dazu, dass das Investmentbanking, bislang unter Grete vereinigt, auseinandergerissen wurde – eine wenig sinnvolle Massnahme, was die Bank im Sommer 1997 dann ja auch zugab. Denn in der Alleingang-Variante sollten der Handel und das Corporate-Finance-Geschäft ja wieder zusammengeführt werden.

Doch das war eben typisch für die Bankgesellschaft – die Entscheidungen richteten sich nach den Personen, nicht nach organisatorischer Logik.

Cabiallavetta wurde Chef der neugeschaffenen Sparte «Handel und Risk Management». Doch damit nicht genug. Gleichzeitig machte Studer ihn zum Chef der neugeschaffenen Region Europa, der klar grössten der Bank. Und, als weiteres Bonbon, löste er das hochprofitable Schweizer Handelsgeschäft, eigentlich wie alle Schweiz-Aktivitäten der Region Schweiz unterstellt, aus eben dieser Verantwortung heraus und übertrug es der Region Europa, also direkt an Cabiallavetta.

Doch gerade an der Stellenbesetzung des Europa-Chefs zeigten sich die Mängel der Matrix. Der Europa-Chef hätte eigentlich der mächtigste Regionenchef neben der Schweiz sein müssen, denn er hatte mit London den wichtigsten Auslandsstützpunkt unter sich. De facto war sein Amt jedoch ein reiner Vermittlerposten zwischen dem Zürcher Hauptsitz und London. Den Schweizern konnte er nichts befehlen, denn die hatten ja ihre eigene Geschäftsleitung. Und die Londoner machten lieber ihr eigenes Geschäft und liessen sich kaum führen von einem Chef, der in Zürich sass. Das wurde auch dem Kronprinzen Cabiallavetta schnell klar. Er gab den Posten an Pierre de Weck ab, der Anfang 1993 aus New York zurückgekommen und immerhin als sein – so sahen es zumindest die Medien – ernsthaftester Konkurrent um die Studer-Nachfolge galt.

Auch de Weck sah schnell die Machtlosigkeit des Postens ein. Als dieser dann gerade eineinhalb Jahre später an Felix Zumbach übertragen wurde, war das Scheitern der Struktur offensichtlich. Die Ernennung habe «innerhalb und ausserhalb der Bank etwas Erstaunen ausgelöst», schrieb der «Tages Anzeiger». Zumbach hatte vorher im Marketing gearbeitet und dann von Mühlemann die Leitung des Wolfsbergs übernommen. Fronterfahrung hatte er sicher nicht, ja eigentlich hatte er noch nicht einmal Banker-Erfahrung. Gerade aufstrebende Nachwuchskräfte empfanden diese Berufung als Schlag ins Gesicht. Leistungsdenken schien in dieser Bank keine Rolle zu spielen. Wie sollte Zumbach als Europa-Chef die Londoner Niederlassung führen, wo ein viel rauheres Klima herrschte als in Zürich? Cabiallavetta sollte dann auch später den London-Chef Robins zum Europa-Chef machen und Zumbach den Generaldirektoren-Titel nach gerade zweieinhalb Jahren wieder entziehen, ein ungewöhnlicher Vorgang in der Grossbankenwelt.

Vor allem war es aber Cabiallavetta selbst, der wohl wie niemand innerhalb der Bank gegen die Matrix, das Konstrukt seines Ziehvaters, vorging. Gerade in seinem Geschäft sah er, dass die Matrix ein enormes Hindernis darstellte. Alle grossen Häuser gingen im Handelsgeschäft zu globalen Produktlinien über. «Das war eher ein industrieller Ansatz, der für das zunehmend global werdende Finanzgeschäft wenig geeignet war», sagte er im April

1998 im Gespräch mit dem Autor zur Matrix. Also setzte er globale Produktlinien für den Handel durch, mit dem Prototyp des Aktienderivate-Geschäfts. Die Widerstände der starken Länderchefs waren enorm, wenn Cabiallavettas Truppe ankam und ihnen eines ihrer profitabelsten Geschäfte wegnehmen wollte. Hierin liegt ein wesentlicher Grund für den gescheiterten Aufbau einer erstklassigen Investmentbank. Dazu kamen die Probleme durch die regionalisierte Informatik und Kontrolle. In gewisser Weise war deshalb auch der Derivate-Verlust des Jahres 1997 eine Folge der Matrix-Struktur.

So war das Verhältnis von Cabiallavetta zu Studer immer weniger ein simples Vater-Sohn-Verhältnis. Wer die beiden zusammen erlebte, dem fiel auf, dass Studer selbst mit Cabiallavetta immer sehr distanziert blieb. Was die Organisationsform anging, so waren die beiden praktisch gegensätzlicher Auffassung, und je mehr Cabiallavetta seine Globalisierung durchzog, um so mehr stiess er auf Widerstand bei den Studer-Schützlingen in den Regionen wie Rohrbasser in New York oder Müller in London. Und die dürften bei Studer kaum Stimmung gemacht haben für Cabiallavetta. Generaldirektoren berichteten zumindest, dass bereits 1994 das Verhältnis Studer – Cabiallavetta lange nicht mehr so harmonisch war wie zu Beginn.

Die zweite Sonderrolle in der Matrix hatte Stephan Haeringer. Der war verheiratet mit der Tochter von Theodor Rüegg, dessen Bruder Hans Rüegg unter Holzach lange Vize-Präsident des Verwaltungsrates gewesen war und als enger Vertrauter Holzachs galt. Die Familie Rüegg war Eigentümerin des grössten Federn-Produzenten der Schweiz, der Baumann Federn AG in Rüti bei Zürich. Seine Bankverbindung brachte Haeringer auch in das Familienunternehmen ein. Er ist auch heute noch Mitglied des vierköpfigen Verwaltungsrates der Firma. Holzach selbst soll jedoch nie besonders angetan gewesen sein von Haeringer («Warum fördert ihr den Haeringer? Der ist doch durch die Matura gefallen», soll er gesagt haben).

Haeringer, Jahrgang 46, hatte am Privatinstitut Juventus die Mittelschule erst mit 21 Jahren beendet und war dann direkt bei der SBG in der Finanzabteilung eingestiegen. Dort arbeitete er mit Studer zusammen, der ihn später fördern sollte. Akademikern soll er immer sehr ablehnend gegenüber gestanden haben. Seine Revanche an Holzach sollte er dann Ende 1996 nehmen, indem er den früheren Chef und obersten Architekten der Bank mehr oder weniger direkt kritisierte: «Wir haben zu teure Bauten erstellt», sagte er auf einer Pressekonferenz, und das war umso erstaunlicher, als er – wie die Bank – sonst kaum zu Selbstkritik neigte.

Studer hatte den eher scheuen Zürcher 1988 zum Chef der Vermögensverwaltung für private und institutionelle Kunden gemacht, also des Private Banking und des Asset Management. Damit war er unbestrittener Chef des wichtigsten Geldbringers der Bank. Cabiallavetta hatte die eine Bankhälfte, die Geld brachte, er die andere. Haeringer war Studers zweiter Ziehsohn neben Cabiallavetta, auch wenn letzterer sicherlich in seiner Gunst höher stand. Doch die beiden waren sehr unterschiedlich. Im Vergleich zu dem dynamischen, extrovertierten und wenig formellen Cabiallavetta war Haeringer sehr vorsichtig und legte extrem viel Wert auf Formalitäten. Neue Ideen blockte er zunächst einmal ab. Dazu konnte er persönlich sehr verletzend werden, wenn seine Machtinteressen berührt wurden.

Auch Haeringer war jedoch extrem ehrgeizig. Schnell war klar, dass die Studer-Nachfolge vor allem zwischen ihm und Cabiallavetta ausgemacht werden würde. Doch Haeringer schien sich selbst eher in der Rolle der grauen Eminenz im Hintergrund gesehen zu haben. Das Kommunikationstalent eines Cabiallavetta hatte er nicht, das war von Anfang an klar. Ein mitreissender Chef, der seine Mitarbeiter motivieren konnte, war er kaum. Wenn er vor mehr als zehn Leuten sprechen sollte, war er nicht mehr sehr beeindruckend. Die Öffentlichkeit mied er, grosse Worte waren seine Sache nicht. Und wenn er sich einmal äusserte, dann wenig geschickt.

Unter seiner Ägide lief das Private Banking in zahlreiche Skandale. Anfang 1994 war sein Bereich in vier Geldwäscheraffären gleichzeitig verwickelt, darunter auch in den bisher grössten Fall von Geldwäscherei der Schweiz.

150 000 Dollar vom kolumbianischen Drogen-Kartell in Medellin wurden bei der SBG konfisziert. Haeringer tat den Vorfall als einen Einzelfall eines unehrlichen Mitarbeiters ab. «Unter 28 000 Mitarbeitern gibt es einige Genies und einige Gauner», sagte er lapidar der «Sonntagszeitung». In der Generaldirektion löste das massive Kritik aus, und Senn musste kurze Zeit später in der Presse einräumen: «Ich hätte das vielleicht anders formuliert». Seitdem hielt sich Haeringer noch mehr zurück. Interviews von ihm gibt es fast keine. 1996 war von ihm zu lesen, dass die «ungerechtfertigte Verunglimpfung und die Pressionsversuche im Zusammenhang mit den nachrichtenlosen Vermögen inakzeptabel» seien. Doch all das tat dem sehr engen Verhältnis zwischen Haeringer und Cabiallavetta keinen Abbruch. Die beiden hatten sich bereits frühzeitig verbunden. Cabiallavetta machte Haeringer 1979 zum Paten seines ersten Sohnes. Später würden sie gemeinsam die Bank übernehmen.

Auch Haeringer hatte eine Sonderrolle in der Matrix und war Inbegriff der Probleme der neuen Organisationsform. Als einziger gehörte er zunächst sowohl der Geschäftsleitung Schweiz als auch der Konzernleitung an. In beiden Gremien war er verantwortlich für die Vermögensverwaltung, private und institutionelle. Diese Doppelrolle führte schnell zu enormen Konflikten. Die Geschäftsleitung Schweiz hatte ja 1992 unter Rinderknecht ein Restrukturierungs-Projekt namens «Marketing

2000» gestartet. Die Abläufe sollten gestrafft, die Profitabilität erhöht werden. Das war ihr grosses Projekt, mit dem sie zeigen wollte, dass sie keine Generaldirektion zweiter Klasse war. Studer unterstützte das Projekt zunächst. Die Federführung lag bei Hubert Huschke, dem Generaldirektor für Logistik in der Geschäftsleitung Schweiz. Der Physiker war der starke Mann in der Geschäftsleitung, denn Rinderknecht, der nach aussen als Chef auftrat, war eher eine väterliche Figur, der sich als Vorsteher einer Kollegialbehörde verstand. Das Projekt lief gut an. Es wurde ein eigener Retailbereich eingeführt, der dem neuen Generaldirektor Eugen Haltiner unterstellt wurde.

Doch da fingen die Probleme mit Haeringer an. Der wollte seinen Bereich, den profitabelsten der Bank, von jeglichen «Marketing 2000»-Initiativen der Schweizer Geschäftsleitung frei halten. Er sah sich ja als Vertreter der Konzernleitung. Heftige Diskussionen gab es darum, wo die Grenzlinie zwischen Retail und Private Banking zu ziehen sei. Haeringer wollte sie so niedrig wie möglich ansetzen, damit möglichst viele Kunden in seinem Bereich blieben. Er setzte sich auf der ganzen Linie durch, schliesslich gehörte er ja zur Konzernleitung. Die Grenze wurde auf 100 000 Franken angesetzt. Damit hatte das Retail-Geschäft nie eine Chance, profitabel zu werden. Auch wehrte er sich dagegen, sein Private Banking so zu modernisieren, dass der Kunde nur bei einer bestimmten

Anlageperformance zu bezahlen hatte. Er setzte weiter auf das traditionelle Geschäft: Die Bank verdiente an den Transaktionen, also daran, dass sie die Konten der Kunden bewegte. Die Performance war egal. Das war nicht gerade kundenorientiert.

Weil Haeringer in seinem so zentralen Bereich das «Marketing 2000»-Projekt weitgehend boykottierte, war es praktisch zum Scheitern verurteilt. Und durch die verpasste Volksbank-Übernahme fehlte es dann auch an Studers Unterstützung. 1994 wurde das Projekt praktisch still begraben, auch wenn das natürlich nie so nach aussen kommuniziert wurde. Ende 1994 hatte die Bank in der Schweiz 700 Mitarbeiter mehr als im Jahr zuvor, nachdem sie zwei Jahre vorher den Abbau von 2000 Arbeitsplätzen während der nächsten drei bis vier Jahre angekündigt hatte. Das Hauptproblem war, neben der am Ende fehlenden Unterstützung Studers, dass die Geschäftsleitung Schweiz nicht wirklich Zugriff auf alle ihre Geschäfte hatte. Denn die Konzernleitung, vor allem Haeringer, wehrte sich gegen jegliche Einmischung. Auch das Scheitern von «Marketing 2000» war also teilweise der Matrix anzulasten.

Die Situation mit Haeringer in der Geschäftsleitung Schweiz wurde so unerträglich, dass Studer sich schliesslich entschloss, die Doppelfunktion zu beenden. Seit Mitte 1994 war Haeringer nur noch in der Konzernleitung für die Vermögensverwaltung zuständig, in der Geschäftsleitung Schweiz übernahm der Graubündner Arthur Decurtins seinen Posten. Doch das verbesserte die Situation nicht. Decurtins, von seinen Kollegen in der Geschäftsleitung Schweiz gegen den ungeliebten Haeringer aufgestachelt, hatte immerhin mehr als 80 Prozent der Erträge in diesem Bereich unter sich. Doch Haeringer sah sich weiterhin als sein Chef, und er gab Decurtins zu verstehen, dass der nur Generaldirektor von seinen Gnaden sei. Die Spannungen zwischen Haeringer und Decurtins waren enorm. Die genauen Zuständigkeiten wurden nie geklärt. Eigentlich hätte sich Haeringer vollkommen aus dem Schweiz-Geschäft heraushalten und sich um das Auslandsgeschäft kümmern müssen. Doch er sah sich weiter als Oberaufseher des Schweiz-Geschäfts, das er bisher geleitet hatte. So zerrieben sich die beiden in der Matrix-Klemme.

Dabei hätte es im Ausland genug zu tun gegeben. Haeringer hatte ja Anfang der neunziger Jahre den Kauf der Chase in New York durchgesetzt. Zudem hatte die Bank mit dem Kauf von Phillips & Drew noch einen institutionellen Vermögensverwalter in London namens PDFM (Phillips & Drew Fund Management). So hatte sie mit diesen zwei Auslandseinheiten und dem Zürcher Standbein praktisch drei voneinander weitgehend unabhängige Asset Manager, deren Aktivitäten sich teilweise erheblich überschnitten. Hier wäre es jetzt Chefsache gewesen, eine einheitliche Strategie für die drei Bereiche auszuarbeiten.

Doch nichts davon geschah. Wirkliche Strategie-Sitzungen über Koordination und Geschäftsstrategie dieses zentralen Zukunftsbereiches fanden unter Haeringer niemals statt. Da war wieder das grundsätzliche Problem: Auch das Asset Management war eben ein weitgehend angelsächsisch geprägtes Geschäft, denn die starken Pensionskassen und Fondsmanager waren grösstenteils in den USA oder England beheimatet. Haeringer fehlte es schlicht an Fachwissen. Er hatte ja niemals selbst als Fonds-Manager gearbeitet.

In den USA war seine Chase-Akquisition in miserablem Zustand. Der Ruf war ramponiert, die besten Mitarbeiter waren abgesprungen, die Produktpalette lag deutlich hinter der Konkurrenz zurück. Haeringer wechselte Richard Zecher, den er von Chase als Chef übernommen hatte, gegen einen Mann namens Tom Messmore aus. Doch auch das brachte keine Besserung – «More Mess» hiess die Organisation seitdem nur noch in Zürich. Und PDFM in London, immerhin der zweitgrösste Vermögensverwalter Englands, wollte sich aus Zürich schon gar nichts sagen lassen. Wie miserabel die Bank dieses Geschäft gemanagt hatte, sollte sich bei der Fusion zeigen. Die Bankgesellschaft war als erste der Grossbanken in dieses zukunftsträchtige Geschäft eingestiegen und verwaltete mit mehr als 250 Milliarden Franken eine grössere Vermögenssumme als der Bankverein. Doch bei der Fusion war vollkommen unbestritten, dass der Bankverein unter Gary Brinson hier die Führung übernehmen würde. Dieses Scheitern im institutionellen Geschäft ging grösstenteils auf Haeringer zurück. Dass später vor allem sein Nachfolger Decurtins dafür verantwortlich gemacht werden sollte, war wohl vor allem dem grossen Einfluss Haeringers auf Cabiallavetta zuzuschreiben.

So waren die Schwächen der Matrix offensichtlich. Doch die notwendige Überarbeitung der Struktur fand nicht statt. Es bestand nach aussen hin auch wenig Grund dazu. Die Organisationsprobleme waren viel zu komplex, als dass sie Beobachtern als ein wirkliches Problem erschienen wären. Zudem waren die Resultate über die Jahre hinweg weiterhin sehr gut. Die Bank war weiterhin die unangefochtene Nummer eins im Lande. Von der Substanz liess sich gut leben.

Doch hinter der glänzenden Fassade war das Gebäude morsch, und einer der Hauptgründe dafür war eben die Matrix. Sie war unbestritten ein Fehlschlag, und das war innerhalb der Bank ein offenes Geheimnis. Im nachhinein würden die Mitarbeiter sie wahlweise als «Katastrophe», «Desaster» oder «Sargnagel» bezeichnen. Zwar wurde 1995 McKinsey ins Haus geholt, angeblich, um die Struktur zu überprüfen. Tatsächlich kam die Unternehmensberatung jedoch, weil sich der Streit zwischen den Regionen und dem Hauptsitz zugespitzt hatte – die Regionen murrten, dass sie immer höhere Umlagen zu zahlen hätten. Es änderte sich nichts. Denn der Architekt der Matrix, der von den rivalisierenden Gremien als einziger als Vorgesetzter anerkannt wurde und der deshalb als einziger ein Machtwort hätte sprechen können, war nur noch mit eigenen Problemen beschäftigt. Studer war gelähmt durch den Mann mit der Fliege.

11. Der Mann mit der Fliege
Wie sich Studer in Macho-Kämpfen mit
seinem Erzfeind Martin Ebner aufrieb und schliesslich
auf ganzer Ebene kapitulieren musste.

Ein weiteres elementares Problem der Matrix zeigte sich, als die Bank von aussen bedroht wurde. Martin Ebner, der Mann mit der Fliege, hatte 1985 in Zürich seine BZ Bank gegründet und war von der Bankgesellschaft zunächst wohlwollend empfangen worden. Studer selbst begrüsste die neue Bank als neues belebendes Element an der Zürcher Börse. Doch das Verhältnis kühlte sich schnell ab, seit Ebner 1991 begonnen hatte, in grossem Stil SBG-Aktien zu kaufen. Gründe dafür werden mehrere genannt. Einer soll in Ebners persönlichen Ambitionen auf den Chefposten der mächtigsten Schweizer Bank gelegen haben. «Eines Tages werde ich dem Robert Studer sagen: ‹Packe dein Mäppli›», soll Ebner gesagt haben. Ein anderer ist nüchterner. Ebner habe in Bankaktien investieren wollen, berichteten Vertraute, da habe es für ihn damals keine Alternative gegeben. Der CS des Wall-Street-Bankers Gut traute er nicht über den Weg, und der Bankverein war nach seinen ganzen Pleiten praktisch ein Übernahmekandidat.

Zunächst reagierte Studer noch gelassen. «Herr Ebner ist ein erfolgreicher Bankier. Ich höre – nie von ihm, sondern von Drittpersonen – dass er sich beträchtlich in SBG-

Aktien engagiert. Das kann man nicht auf die leichte Schulter nehmen. Aber man darf es auch nicht überbewerten», sagte er im September 1990 in einem Zeitschrifteninterview. Doch die Besonnenheit hielt nicht lange an. Mit seiner steigenden Aktionärsmacht wollte Ebner natürlich mehr Einfluss. Das passte der Bankgesellschaft überhaupt nicht. Studer störte sich besonders an einem: Christoph Blocher, ein enger Vertrauter Ebners, sass in seinem Verwaltungsrat.

Blocher war nicht nur VR-Präsident der Pharma-Vision, einer von Ebners Beteiligungsgesellschaften. Er liess sich auch in Finanzfragen für sein Unternehmen, die Ems-Chemie, von Ebner beraten. Die beiden kannten sich aus dem gemeinsamen Jura-Studium in Zürich in den sechziger Jahren, und Ebners Frau Rosemarie war Patin von Blochers einzigem Sohn. Holzach war es, der Blocher in den Verwaltungsrat geholt hatte, mit der Zusicherung, dass Blocher in der Wahl seiner Bankbeziehungen frei und zudem politisch vollkommen unabhängig sei. Doch Studer fürchtete, Blocher könnte Internas an Ebner weitergeben. Anfang Januar 1992 gab es erste Signale, dass Blochers VR-Mandat, das im April 1993 ablief, nicht verlängert werden sollte. Doch Studer konnte Blocher nicht einfach so aus dem Verwaltungsrat schmeissen. Er brauchte einen Vorwand.

Der bot sich im November 1992. Es tobte die wohl heisseste politische Auseinandersetzung, die die Schweiz bis dahin gesehen hatte. Und in ihrem Mittelpunkt stand Blocher. Er kämpfte mit aller Kraft gegen einen Beitritt der Schweiz zum Europäischen Wirtschaftsraum (EWR). Die Bank hingegen befürwortete diesen Beitritt, und Blocher berief sich immer auf das Versprechen Holzachs von der politischen Unabhängigkeit. Die Stimmung im Verwaltungsrat jedoch war gegen Blocher. Einige Mitglieder hatten Briefe bekommen, in denen sie gefragt wurden, wie sie einen Europa-Gegner in ihrem obersten Gremium dulden konnten. Sie wurden als Landesverräter beschimpft. Das wollte Studer nutzen. Nicht nur konnte er Blocher öffentlich diskreditieren. Gleichzeitig konnte er sich als Staatsmann profilieren. Denn bis dahin hatte er sich noch kaum zu politischen oder sozialen Themen geäussert, wie seine Vorgänger Senn oder Holzach dies getan hatten.

Am 24. November fuhr Studer zusammen mit einem Team der Schweizer Nachrichtensendung «10 vor 10» zu einer Blocher-Veranstaltung ins Kirchgemeindehaus Winterthur. Er hatte sich als Blocher-Gegner zu erkennen gegeben, und daraufhin hatte ihm das Fernsehen den Vorschlag gemacht, Blocher direkt bei einer seiner Veranstaltungen entgegenzutreten. Die Diskrepanz war offensichtlich: Hier Studer, der in einer Mercedes-Limousine vorgefahren war und sich bereits im Auto hatte filmen lassen, dort der volkstümliche Blocher mit seiner ländlichen Anhängerschaft. Studer war auf feindlichem Gelände. Das bekam er schnell zu spüren.

Blocher hielt wie geplant seine Rede von einer Stunde Dauer. Dann kam die Fragestunde. «Hallo Röbi», begrüsste ihn Blocher, «ist ja schön, dass der Präsident der Konzernleitung der grössten Schweizer Bank auch auf eine Volksveranstaltung kommt.» Studer blieb nicht einmal ein gequältes Lächeln. «Die Hälfte von dem, was Blocher sagt, ist falsch», rief er. Studer begann mit einer Aufzählung. Doch das Publikum wurde ungeduldig, immerhin war das hier eine Fragestunde. Die ersten Pfiffe kamen. «Wo ist die Frage?» hallte es. Schliesslich begannen sie zu Klatschen, ein Signal zum Aufhören, das Studer aber als Aufforderung zum Weitermachen deutete. Am Ende wurde Studer niedergepfiffen. Auch wenn er Anerkennung dafür bekam, sich offen gegen Blocher gestellt zu haben, so war er doch rhetorisch ganz klar der Verlierer – ein Ausgang, der ihm eigentlich vorher hätte klar sein müssen, wenn er sich auf eine Veranstaltung mit Blochers Publikum und dem Europa-Gegner als Zeremonienmeister begab. Doch auch von zahlreichen Bank-Mitarbeitern gab es hinterher Kritik, selbst wenn diese EWR-Befürworter waren. Ein Präsident könne doch nicht in der Öffentlichkeit einen eigenen Verwaltungsrat angreifen, hiess es.

Einmal mehr hatte Studer eine Niederlage hinnehmen müssen, die er persönlich nahm. Seit diesem Auftritt war das Verhältnis zwischen Studer und dem Ebner-Lager endgültig zerstört. Studer hatte die Fehde auf die Ebene des Persönlichen gebracht, und das würde ihn seine gesamte Amtszeit verfolgen. Zwar war es nach aussen hin Senn, der den Kampf mit Ebner führte, und das auf seine volkstümlich-derbe Art. «Erzählen Sie nicht so einen Mist», sagte er schon einmal auf Generalversammlungen, und stellte das Mikrofon ab.

Doch den wahren – persönlichen – Konflikt gab es zwischen Ebner und Studer. Selbst Verwaltungsräte zeigten sich darüber erstaunt, dass Ebner nicht gegen Senn, sondern vor allem gegen Studer vorging. «Ich weiss schlicht nicht, wieso Martin Ebner meine Person als Zielscheibe auserkoren hat», sollte Studer im April 1996 in einem Interview sagen. Wohl, weil Ebner spätestens seit dem Blocher-Vorfall klar war, dass Studer, und nicht Senn, die Bank führte, und diese Bank für ihn den Inbegriff des Schweizer Filzes darstellte. Und weil er selbst Studer an Sturheit nicht nachstand. Denn auch Ebner liess sich auf dieses unwürdige Scharmützel ein, und neben legitimen Aktionärsinteressen trieben ihn sicher auch egoistische Motive, zumal er in seinen eigenen Gesellschaften auch nicht besonders aktionärsfreundlich auftrat. Doch das ist eine andere Geschichte.

Es folgte einer der hässlichsten und bestpublizierten Kleinkriege der Schweizer Wirtschaftsgeschichte. Dieser sollte Studer während seiner gesamten weiteren Amtszeit lähmen. Er verzettelte sich in einen Kampf, der nur ein Ziel hatte: den Aufsteiger in die Schranken zu weisen. Die Auseinandersetzung eskalierte Ende September 1994.

Kurz vorher hatten sich im Gästesaal der Bank vier Herren zum Abendessen eingefunden: VR-Präsident Senn, Christoph Blocher, Rudolf Blocher, ein Corps-Kommandant der Schweizer Armee und gemeinsamer Freund von Senn und Blocher (allerdings ohne verwandtschaftliche Beziehung) und Martin Ebner.

Dass Senn und Christoph Blocher noch in Kontakt standen, zeigte einmal mehr den Charakter Senns. Denn das Treffen fand eineinhalb Jahre, nachdem der Verwaltungsrat Blocher abgewählt hatte, statt. Doch da war eben nicht Senn, sondern Studer die treibende Kraft gewesen. «Ich fand ja immer, dass du einer der besten Verwaltungsräte bist», hatte Senn Blocher vorher noch gesagt. «Ich will ja nicht, dass du gehst, aber es gibt Leute, die wollen dich aus dem VR haben. Kannst du nicht sagen, dass es dir gesundheitlich nicht gut geht? Oder dass du zuviel zu tun hast?» Doch Blocher hatte sich nicht überreden lassen und auf seinem formellen Rausschmiss bestanden. Hinterher hatte Senn ihm noch einen Dankesbrief geschickt, in dem er ihn als einen der erfolgreichsten Verwaltungsräte lobte.

Einmal mehr erläuterte Ebner an diesem Abend seine Strategie für die Bank: Konzentration auf profitable Gebiete, Verkleinerung des Verwaltungsrates, besseres Kostenmanagement. «Wenn ihr das nicht umsetzt, werdet ihr massiv unter Druck geraten», sagte er. «Denn soviel ist sicher: Meine Vorstellung wird eine Mehrheit finden.» Daraufhin soll Senn am nächsten Tag aufgeregt in die

Bank gelaufen sein. «Ebner hat die Mehrheit», soll er gerufen haben. Das wäre eine offensichtliche Überinterpretation von Ebners Aussage gewesen. Ebner hatte zu diesem Zeitpunkt kaum mehr als zehn Prozent des gesamten Aktienkapitals, wenn er auch auf zahlreiche Gleichgesinnte unter den Aktionären zählen konnte, denn viele von ihnen waren unzufrieden über den selbstherrlichen Stil der SBG-Führung und ihrer offensichtlichen Missachtung der Aktionärsinteressen.

Studer war geschockt. Schnell musste eine Gegenwaffe gefunden werden. Studer setzte sich mit dem Juristen Grete zusammen und legte dann den Plan vor: Die Einführung der Einheitsaktie. Die Bankgesellschaft hatte bis zum Jahr 1975 eine einheitliche Aktienstruktur gehabt, dann hatte sie eine Aufteilung in Inhaber- und Namenaktien beschlossen, wobei die Namenaktien das fünffache Stimmrecht der Inhaberaktien hatten und Schweizern vorbehalten blieben. So sollte ein zu grosser Einfluss ausländischer Kreise verhindert werden. Wenn auch die Einheitsaktie die modernere Kapitalform war und an der Börse mehr Anklang fand, so war doch der zeitliche Zusammenhang zu offensichtlich, als dass nicht jedermann darin vor allem eine Attacke gegen Ebner sah. Denn der verfügte vor allem über Namenaktien, und die hatten durch ihr grösseres Stimmrecht einen höheren Kurs als die Inhaberaktien. Mit der Einführung der Einheitsaktie würden sie deutlich an Wert verlieren.

Ende September 1994 beschloss der Verwaltungsrat die Einführung der Einheitsaktie. Kritik soll es nur vom Ehrenpräsidenten Holzach gegeben haben, der hier sein Schweigen brach: «Wenn Ebner bereits die Mehrheit hat, kann er die Einführung verhindern», soll er logisch argumentiert haben. «Wenn nicht, brauchen wir die Einheitsaktie nicht.» Damit war das Verhältnis zwischen Holzach und seinen Nachfolgern endgültig zerstört. Holzach musste sein Büro in der Bank räumen.

Zwar stellte ihm die Bank weiterhin ein Büro und eine Sekretärin zur Verfügung, denn das stand ihm als Ehrenpräsident vertraglich zu. Doch er bezog jetzt ein Büro am Talacker in Zürich, unweit von der Claridenstrasse 40, wo andere langjährige Generaldirektoren wie Robert Sutz oder Heinz Müller – und später auch Nikolaus Senn, der allerdings den Kontakt mit dem verhassten Holzach auf das Nötigste beschränkte – ihr Altersbüro eingerichtet hatten. Die Gelegenheit zur letzten Abrechnung mit Holzach sollte Studer dann im Mai 1997 nutzen, nachdem die US-Zeitschrift «New Yorker» Holzach in der Debatte um die Holocaust-Gelder mit der Aussage von der «jüdischen Verschwörung» zitiert hatte. «Beleidigend und inakzeptabel» sei diese Aussage gewesen, so die Bank in einer Pressemitteilung – das war ungewöhnlich scharf, zumal sich Studer selbst in dieser Angelegenheit mehrmals wenig sensibel geäussert hatte.

Doch Holzachs Kritik war berechtigt. Die Einheitsaktie erwies sich nicht als probates Mittel, um Ebner abzuwehren. Denn obwohl die denkwürdige ausserordentliche Generalversammlung vom 22. November 1994 die Einführung der Einheitsaktie beschloss – wenn auch denkbar knapp –, klagte Ebner. Studer hatte die Sache nicht zu Ende gedacht und die juristischen Möglichkeiten Ebners unterschätzt. «Ich hätte mir nicht vorgestellt, dass man bestimmte Gesetze derart ausnutzen kann, um korrekt gefällte Entscheide nicht zum Tragen zu bringen», räumte Studer gegenüber dem Autor im April 1998 ein. Erst mit der Fusion, mehr als drei Jahre später, wurde der lähmende Rechtsstreit um die Einheitsaktie beigelegt – und dies nur, weil Ebner die Klage von sich aus zurückzog.

Doch der Kampf im Vorfeld zerrüttete das Verhältnis Studer-Ebner endgültig. Ebner belegte Studer mit einer Strafanzeige wegen ungetreuer Geschäftsführung und warf ihm kriminelle Handlungen vor, weil er sich mit unsauberen Beeinflussungen der Aktionäre die Mehrheit gesichert habe. Hier soll auch Cabiallavettas Starhändler Goldstein eine wichtige Rolle gespielt haben, wie die Londoner Finanzzeitung «Financial News» Ende Januar 1998 behauptete. Er soll Namensaktionären gratis Put-Optionen abgegeben haben, um diese vor dem Kursrückgang ihrer Papiere zu schützen. Mitarbeiter der Derivateabteilung bestritten das allerdings gegenüber dem Autor. Man habe zwar alle Möglichkeiten geprüft, doch zur Ausgabe von Put-Optionen sei es nicht gekommen.

Doch welche Auswirkungen hatte der Ebner-Disput auf die Bank? Jetzt rächte sich die Aufsplitterung, welche die Matrix gebracht hatte. Studer war der einzige, den die beiden Zweige der Generaldirektion – Konzernleitung und Geschäftsleitung Schweiz – als ihren Chef akzeptierten. Und diese einzige Führungsperson war durch Ebner gelähmt. Stillstand für die gesamte Bank war die Folge. Der Präsident der Konzernleitung zerrieb sich in Macho-Kämpfen, die beiden Zweige der Generaldirektion waren zerstritten, der VR-Präsident ohne wirklichen Führungswillen. Eine Diskussion über die Antwort auf Ebner fand nicht statt, sie konnte gar nicht stattfinden. «Es wird erhöhte Loyalität verlangt», drückten es die Generaldirektoren diplomatisch gegenüber ihren Freunden aus.

Vor allem gab es keine wirklichen Debatten über Strategie mehr. Waren in der einheitlichen Generaldirektion Diskussionen über die grosse Richtung noch an der Tagesordnung, so hatte die Bank jetzt zwei Gremien an der Spitze, die sich mehr belauerten als unterstützten. Und wie hätte eine andere Strategie auch aussehen sollen? Sie hätte auf jeden Fall in Ebners Richtung gehen müssen, und schon deshalb kam sie nicht in Frage für den Mann aus Luzern, für den Sturheit eine Tugend war. Denn die Vorschläge von Ebner waren keinesfalls revolutionär. Sie waren in den USA bereits Standardlehre und kommen bei der neuen UBS fast durchweg zum Tragen: Konzentration auf profitable Geschäftsfelder, Abstossen von wenig ertragreichen Gebieten (vor allem des Auslandskreditgeschäfts), Abkehr vom Universalbankgedanken, Verkleinerung des Verwaltungsrates. Zudem: besseres Kostenmanagement. Die Kosten zwischen 1989 und 1995 seien um 60 Prozent gestiegen, rechnete Ebner mehrmals vor, die Erträge jedoch nur um 45 Prozent. Natürlich wusste Studer das, doch seine Kehrtwende nach der Volksbank-Schlappe – auch das aus verletztem Stolz – hatte sein anfängliches Kostendenken zunichte gemacht.

Die Auseinandersetzung zwischen Ebner und Studer sollte auch Studers Nachfolger weiter lähmen. Als «integer und kritikfähig» lobte Ebner Cabiallavetta. Doch des Plazets des Grossaktionärs bedurfte der Graubündner nicht. Seine Wahl war unumstritten. Denn wenn sich auch Studer und Cabiallavetta inhaltlich entfremdet haben mochten, so war Cabiallavetta unter den Kandidaten trotz aller Differenzen klar Studers erste Wahl. Immerhin stärkte die Nominierung Cabiallavettas auch seine eigene Stellung – er konnte sich damit brüsten, seinen Nachfolger selbst aufgebaut zu haben.

Doch vor allem eine andere Verbindung sicherte Cabiallavetta den ersehnten Chefposten – seine enge Verbundenheit mit Senn. Auch Cabiallavetta hatte ja wie

Senn in der Nähe von Lenzerheide ein Ferienhaus. Senns Handicap hatte sich mittlerweile von den früheren zwölf auf sechzehn verschlechtert, und dieser Zahl näherte sich mittlerweile auch Cabiallavetta, allerdings aus der anderen Richtung. So spielten die beiden auf dem Platz in Lenzerheide oft in einem Team zusammen. Sie ähnelten sich auch in ihrer direkten Art. Schon im Sommer 1994 liess der redselige Senn auf dem Golfplatz durchblicken: «Der da draussen wird es», und er zeigte auf Cabiallavetta. Wie ungefährdet dessen Nominierung war, belegt die Tatsache, dass seine Sparte in diesem Jahr erstmals einen empfindlichen Einbruch hinnehmen musste. Doch wer hätte ihm den Posten streitig machen sollen angesichts der doppelten Wertschätzung von ganz oben?

Der einzige wäre der Vermögensverwaltungschef Haeringer gewesen, Chef der profitabelsten Sparte. Doch der hatte nicht das Wohlwollen von Senn, und vielleicht hatte er auch selbst eingesehen, dass es ihm an Kommunikationstalent und internationaler Erfahrung fehlte. Doch er war eben auch extrem ehrgeizig. Manche Generaldirektoren sollten später behaupten, die beiden Studer-Zöglinge hätten damals eine Art Pakt geschlossen – Haeringer akzeptierte Cabiallavetta als Chef, dafür musste der ihn später zu seinem Stellvertreter machen und zum Chef des Heimgeschäfts, des wichtigsten der Bank. Für diese These sprach, dass Haeringer, einer der unbeliebtesten Männer der Bank, nach Cabiallavettas Amtsantritt sehr mächtig wurde. So hatte Cabiallavetta den sehr machtbewussten Paten seines Sohnes neutralisiert, womöglich allerdings zu einem sehr hohen Preis.

Andere Kandidaten hatten nie eine wirkliche Chance. Rinderknecht war durch die Verschlimmerung der Kreditsituation ausser Gefecht. Pierre de Weck wurde aufgrund des grossen Namens besonders in der Westschweiz schnell als Kandidat gehandelt. Doch er kam zu spät in die Zentrale, um sich noch eine Machtbasis gegen Cabiallavetta aufbauen zu können. Zudem war er zu diplomatisch, zu vornehm, zu akademisch, um gegen den energiegeladenen Handelschef zu bestehen. Und schliesslich betreute er eine Sparte, die zwar beeindruckend klang – Corporate and Institutional Finance, also das Kommerzgeschäft und das Kapitalmarktgeschäft – die jedoch kaum rentabel war. Und ein Kandidat von aussen war nirgends so undenkbar wie bei der Bankgesellschaft.

Doch obwohl Cabiallavetta auch Ebners erster Kandidat war, konnte seine Nominierung den Konflikt kaum lösen. Ebner setzte alles daran, die Wahl seines Erzfeindes Studer zum VR-Präsidenten zu verhindern. Die Fronten waren jedoch so verhärtet, dass die SBG jegliches Abrücken von der Kandidatur Studers als Gesichtsverlust gesehen hätte. Doch gerade die Wahl Studers zeigte, wie weit sich die Führung der Bank schon damals vom helvetischen Wirtschaftsestablishment entfernt hatte. Mehrere Chefs von Grosskonzernen, alle Aktionäre der Bank und nur bedingt Ebner-Freunde, signalisierten deutlich, dass sie die Nominierung Studers zum Verwaltungsratspräsidenten nicht schätzten. Kritiker waren vor allem Ulrich Bremi, VR-Präsident der Schweizer Rück, Fritz Gerber, Roche-Chef, und Peter Spälti, Chef der Winterthur-Versicherung, deren traditionelle Bande zur Bankgesellschaft nach deren Verbindung im September 1995 mit der Rentenanstalt abrupt gerissen waren. Zu lange hatte die Bank selbstherrlich regiert und die Aktionärsinteressen nicht ernst genommen.

In diesem Klima griff CS-Chef Gut am 1. April 1996 zum Telefon und rief Senn an, der wie so oft in Florida weilte. Er bot der Bankgesellschaft, die er angeschlagen wähnte, ein Zusammengehen an und setzte ihr eine Frist, in der sie sich entscheiden sollte. Doch die mehr als 30 Jahre Rivalität zwischen den beiden Männern liessen sich nicht wegwischen. Senn, ganz alte Schule, stenografierte alles mit und präsentierte es dann genüsslich Studer. Der Tag der Revanche für die Volksbank-Schmach war gekommen.

Über den «Tages Anzeiger» drang der Versuch zur Zwangsheirat an die Öffentlichkeit. Gut sprach von einer «gezielten Indiskretion». Chefredaktor des «Tages Anzeigers» war Roger de Weck, ein Sohn des früheren SBG-VR-Präsidenten Phillippe de Weck und Bruder des SBG-Konzernleitungsmitgliedes Pierre de Weck. Schon einmal soll Gut über Roger de Weck sehr wütend gewesen sein. Der hatte als junger Journalist zusammen mit dem Kollegen Max Mabillard 1975 ein Buch namens «Der Fall Chiasso» veröffentlicht, indem er die bis dahin grösste Affäre der Kreditanstalt aufrollte. Gut, der damals nach dem Scheitern der Gespräche mit Senn bei der Kreditanstalt angefangen hatte, soll darin eine Auftragsarbeit von SBG-Seite – was es nicht war – gesehen haben.

Gut wurde zum Buhmann der Nation. Er stand da als der übernahmehungrige Arbeitsplatzvernichter ohne soziales Gewissen. Allerdings musste sich Gut zu Recht vorwerfen lassen, dass sein Vorschlag nicht gut vorbereitet gewesen war, und dass es wenig geschickt war, der Bankgesellschaft eine Frist zu setzen. Doch durch die lange Vorgeschichte war das Klima zwischen Gut und Senn eben alles andere als freundschaftlich, und deswegen dürfte Gut zu dieser Art von Drohung gegriffen haben. «Bietet sich die Gelegenheit der Übernahme eines anderen Unternehmers, so ist die Chance schnell einmal definitv vorbei. Da sind rasche Entscheide notwendig», hatte Gut 1994 in einer Würdigung des Schweizer Industriepioniers Alfred Escher verkündet. Jetzt hatte er zu schnell entschieden. Der Stimmungsumschwung war so massiv, dass die Wahl Studers zum VR-Präsidenten problemlos durchging. Und von seinem alten Rivalen Senn musste sich Gut in einem Zeitungsinterview anhören, er wolle «die Probleme der CS – die unverdaute Volksbank-Übernahme – durch die kerngesunde Bankgesellschaft lösen».

Doch wo stand die Bank am Ende der Ära Studer? Das alte Kerngeschäft, der Schweizer Kommerzbereich, war zusammengebrochen. Im Auslandsgeschäft war der Aufbau des Handelsgeschäfts halbwegs geglückt, auch wenn das Fundament, wie sich später zeigen sollte, wenig solide war und der Erfolg hauptsächlich einem gewissen Ramy Goldstein zuzuschreiben war. Im klassischen Investmentbanking dagegen, der M&A-Beratung und dem Emissionsgeschäft, waren die Zahlen weiterhin tief rot. Das Asset Management war in wenig grandiosem Zustand. So war die Bank praktisch das, als was Ebner sie immer bezeichnet hatte: Eine reine Vermögensverwaltungsbank. Denn im Bereich des Private Banking war Studers vorsichtige Politik sicher ein Vorteil. Mit ihrem Triple-A-Rating und den höchsten Eigenmitteln war seine Bank weltweit das unbestrittene Gütesiegel des Schweizer Bankings. Als sie erstmals Spartenergebnisse veröffentlichte, zeigte sich, dass 1996 nicht weniger als 82 Prozent ihres Gewinnes aus der Vermögensverwaltung kamen.

Zu Beginn von Ebners Attacken versuchte sich Studer noch mit dem sozialen Argument zu retten. Eine Bank habe eine Verantwortung gegenüber ihren Mitarbeitern und der Gesellschaft, verkündete er mehrfach, und Ebners Konzept würde zum Abbau von tausenden von Arbeitsplätzen führen. «Die volkswirtschaftliche Verantwortung der Banken ist kein Werbegag», schrieb er im November 1994 in seinem Heimatblatt, den «Luzerner Neuste Nachrichten». Besucher seines Büros mögen sich darüber schon gewundert haben. «Lead, follow or get out of the way» war der legendäre Spruch, der dort an der Wand hing, und der zeugte nicht gerade von enger Verbundenheit zu seinen Mitarbeitern. Und diese Mitarbeiter waren es, die sich dann nach dem historischen 8. Dezember 1997 von ihrer Führung verraten vorkommen sollten. Immer hatte Studer mit der Gefahr Stimmung gemacht, Ebner wolle die Bank ausschlachten. Doch das war kaum mehr als der Vorwand eines stolzen Mannes, um das überfällige Zugehen auf Ebner zu vermeiden. Als Quittung dafür wurde ihre Bank jetzt, so sollten es die UBS-Mitarbeiter empfinden, vom Bankverein ausgeschlachtet.

Auch der «NZZ»-Banken-Experte Beat Brenner sollte in einem ausführlichen Artikel im Januar 1998 in der Fusion «Elemente der Kapitulation» gegenüber Ebner sehen. Die neue UBS entspreche «in praktisch allen Punkten den Vorstellungen der BK Vision». Tatsächlich – all das, wogegen sich Studer immer gewehrt hatte, würde die neue Bank verwirklichen: Kleiner Verwaltungsrat, Priorität der Aktionärsinteressen, Konzentration auf profitable Geschäftsfelder, hohes Kostenbewusstsein. «Alle meine Forderungen wurden erfüllt», konnte Ebner nach der Fusion gönnerhaft sagen. Er hatte den Kampf gegen Studer gewonnen. Sein Erzfeind, der sich damit brüstete, negative Artikel über sich nicht zu lesen, und für den es eine Tugend war, einen einmal eingeschlagenen Weg zu Ende zu gehen, war gerade und konsequent untergegangen. Und sein Ziehvater Senn, der ihn immer unterstützt hatte? Wenn langjährige Kollegen ihn auf Studer ansprachen, auch nach der Fusion, wich er aus. Er wollte eben keine Konflikte.

12. Der Griff zum Messer
Wie Cabiallavetta die Krise
durch sein Seilschaft-Denken verstärkte.

Gebraucht hätte es einen Herkules, um die Probleme der Ära Studer zu lösen. Denn wenn die Bank allein durch ihre schiere Grösse noch immer sehr gut dastand, so war doch intern jedem klar, dass die Probleme enorm waren. Die Matrix war ein Fehler, die rasante Entwicklung der Technologie hatte die Strategie des Eigenaufbaus ad absurdum geführt, und das Abschotten der Führungsspitze gegen Ausländer war überholt in einer Zeit, in der die amerikanischen Investmentbanker immer stärker die globale Finanzszene dominierten.

Cabiallavetta schien dieser Herkules zu sein. Sein Vertrauensvorschuss war enorm. «So gut, wie ihr mich macht, kann ich ja gar nicht sein», sagte er den Journalisten. Er konnte Fehler zugeben. Sein offenes, herzliches Auftreten unterschied ihn so offensichtlich von dem distanzierten und sehr korrekten Studer, dass die Hoffnung auf einen Neuanfang gross war. Cabiallavetta nährte sie mit grossen Worten. «Keep the best and change the rest», war die ja bereits mehrfach erwähnte Devise, «No sacred cows» die andere. Alles sollte auf den Prüfstand kommen. An einer Management-Tagung in Interlaken kurz vor seinem Amtsantritt im März 1996 sprach er von dem unorthodoxen Denken, das jetzt möglich sein sollte: «Wir müssen eine Arbeitsatmosphäre schaffen, in der jeder sein Bestes geben, seine Kreativität entfalten kann und wo unorthodoxes und kritisches Denken honoriert wird – nicht bestraft.» Cabiallavetta selbst hatte die Latte hoch gelegt.

Doch seine Startbedingungen waren nicht so gut, wie es nach aussen schien. Denn mit dem Durchdrücken von Studer als VR-Präsidenten und der Klage von Ebner gegen Studer und den Verwaltungsrat blieb die Lage verfahren. Cabiallavetta selbst hatte sicherlich ein weitaus entspannteres Verhältnis zu dem Grossaktionär als sein Vorgänger. Er brauchte ihn in gewisser Weise sogar, denn es war offensichtlich, dass die Leistung der Bank zu wünschen übrig liess. «Der Druck von Ebner hat auch etwas Gutes – wir müssen besser performen», liess er verlauten.

Schon Studer war mit dem Ziel angetreten, die Kosten zu senken, hatte es dann ja aber nach der Volksbank-Schlappe nicht mehr weiter verfolgt. So war die Bank weiter ein «High-Cost-Producer», wie Cabiallavetta es nannte, und dagegen wollte er angehen. Es kam auch zu Treffen mit Ebner. Der bekam sogar wieder ein Angebot, in den Verwaltungsrat zu kommen. Doch das lehnte er ab – entweder mit zwei Sitzen im Ausschuss für ihn und Blocher, oder gar nicht. Das Ebner-Lager stand der Person Cabiallavetta zwar positiv gegenüber. Doch es herrschte der Tenor vor: «Der will ja gern, aber er kann nicht.» Solange Studer der Verwaltungsratspräsident war, konnte es keinen wirklichen Durchbruch geben. Sturköpfe waren sie eben beide, Ebner wie Studer.

Doch vor allem intern verflog die Aufbruchstimmung schnell. Denn Cabiallavettas Taten sprachen eine andere Sprache als seine Worte. Er war selbst ein Kind der UBS-Kultur, das zeigte sich ganz deutlich. Zu lange hatte er sich selbst im Filz der Bank nach oben kämpfen müssen, als dass er jetzt ein vollkommen neues Verhalten an den Tag legen könnte. Jedoch, und das verschlimmerte die Situation: Er verstärkte den Filz sogar noch. «Ich arbeite mit niemandem eng zusammen, mit dem ich nicht auch Bergsteigen würde», war ja sein Credo, das den Mann aus den Graubündner Bergen beschrieb wie wohl kaum ein anderes. Seine engen Kollegen würde er retten, in jeder Notsituation.

Diese Loyalität gegenüber den Männern, mit denen er aufgestiegen war, war sein grösstes Problem. Denn sie war sein entscheidendes Kriterium bei der Personalauswahl. Cabiallavetta wählte seine Top-Leute nicht nach Leistung, sondern nach Treue und Vertrauen aus. Wie sonst war es zu erklären, dass er seine Handelssparte, die einzige, in der die Bank lebensbedrohliche Risiken einging, Bergkollege Bonadurer anvertraute, der zwar im Eishockey weiter gekommen war als er, aber über keinerlei Handelserfahrung verfügte? Die Risiko-Kontrolle liess er bei seinem langjährigen Weggefährten Zimmermann, trotz zahlreicher Warnungen. Zum Finanzchef machte er Felix

Fischer, auch er sicherlich sehr integer und fleissig, doch ebenfalls ohne Studium und mit fast keiner Auslandserfahrung. Er war über Jahre hinweg sein Buchhalter in der Devisenabteilung. Den Rucksack eines Richard Thornburgh, dem CS-Finanzchef, oder Peter Wuffli, seinem Gegenpart beim Bankverein, brachte Fischer sicherlich nicht mit.

Natürlich hatte jeder neue Chef das Recht, sich die Leute zusammenzustellen, mit denen er Erfolg haben wollte. Doch besassen Cabiallavettas Leute das Kaliber für den Kampf in der globalen Arena, der so hart war wie nie zuvor? Es war die dritte Generation nach den Holzachs, Senns und anschliessend Studers und Gretes. Zugenommen hatte die Qualität der Leute kaum. Die Anforderungen waren jedoch exponentiell gestiegen. Intern gab Cabiallavetta ja auch zu, dass er nicht mit allen seinen Nominierungen die glücklichste Hand bewiesen hatte. Doch war ja nicht er grossspurig mit dem Motto angetreten: «Keep the best and change the rest»? Was hinderte ihn damals daran, nicht Seilschaftskollegen, sondern wirkliche Schwergewichte von aussen zu rekrutieren?

Eben das war der grosse Unterschied zu Ospel. Der lebte nicht von Ankündigungen, sondern von Taten. Natürlich hatte auch der seinen engeren Kreis, auf den er baute, wie etwa seinen Aktienchef Markus Granziol oder den Investmentbanking-COO David Solo. Doch auch Ospels Vertraute wussten, dass sie schnell ausgewechselt werden würden, wenn sie keine Leistung brachten, und diese Kultur wendeten sie auch weiter unten an. Granziol hatte das weltweite Aktiengeschäft aufgebaut, Solo das gesamte Zinsengeschäft integriert. Ospel wusste, dass heutzutage nur wirklich in der globalen Liga mitspielen konnte, wer die besten Leute anzog. Das war der Schlüssel zum Erfolg.

George Feiger etwa, ein McKinsey-Stratege und langjähriger Dozent an den Eliteuniversitäten Harvard und Stanford, den Ospel während der Warburg-Integration eingestellt hatte, war seinen Job als Corporate-Finance-Chef schnell los, als Franklin Hobbs von Dillon Read kam. Doch Feiger akzeptierte das und blieb für Ospel in strategischen Fragen ein wichtiger Ratgeber. Und Andy Siciliano, das zweite O'Connor-Wunderkind neben Solo und einer der grössten Symbole des Erfolges, musste auch erfahren, wie hart die Meritokratie ist. Nach dem starken Rückgang im Zinsengeschäft im zweiten Halbjahr 1997 nahm seine Bank sofort Verhandlungen auf mit Edson Mitchell, einem hochbezahlten Merrill-Lynch-Veteranen, der bei der Deutschen Bank Aufbauarbeit geleistet hatte.

In gewisser Weise hatte Cabiallavetta auch in diesem Punkt etwas von Senn. Er wollte die Bank wie einen Club von Freunden führen. Wie weit seine Loyalität ging, zeigte sich besonders im Fall von Mike Snow, dem langjährigen Zinsen-Chef in New York. Es war ein offenes Geheimnis in der Bank, dass Snow in seinem Job total überfordert war. Doch Cabiallavetta stand zu ihm, bis sich die Mitarbeiter nicht mehr über Snow, sondern über ihn lustig machten. Schon spekulierten manche, Snow habe irgendwelche kompromittierenden Fotos von Cabiallavetta, denn anders sei es nicht zu erklären, dass der so lange an ihm festhalte «There are no pictures», war der Satz, den Cabiallavetta halb selbstironisch prägte und der in der Bank die Runde machte. Diese starke emotionale Verbundenheit zu seinen Mitstreitern erklärte auch seine enorme Loyalität zu Goldstein. Der Mann, der nach aussen als so durchsetzungsstark wirkte, war es bei Personalentscheidungen nicht. Selbst Leute, die immer zu ihm standen, forderten ihn mehrfach auf: Triff Entscheidungen, auch wenn sie hart sind. Aber triff sie.

In diesem Seilschafts-Denken, für den Bergsteiger Cabiallavetta positiv besetzt, lag der Hauptgrund, dass er nicht wirklich hart durchgriff zu Beginn seiner Amtszeit. Das zeigte sich vor allem bei der Matrix. «No sacred cows», hatte er ja angekündigt, keine heiligen Kühe. Für die Matrix, das grösste Organisations-Problem der Bank, galt das nicht. Kaum jemand in der Bank hatte ja so unter der Matrix gelitten wie Cabiallavetta selbst. Ihm war längst klar, dass die Zeit der Regionalfürsten vorbei war. Die Zukunft gehörte global geführten Produktelinien.

Eigentlich hätte er deshalb die Matrix sofort nach seinem Amtsantritt radikal zerschlagen müssen. Doch er ging das Problem nur halbherzig an, um es nicht mit seinen Seilschaftskollegen zu verderben. Zwar erklärte er die Regionenleiter zu Chief Operating Officers anstatt zu Chief Executive Officers und definierte ihre Rollen neu. Sie sollten sich jetzt mehr um die Kunden kümmern. Doch mehr als ein Etikettenwechsel waren diesen Änderungen kaum. Vor allem mit einer Nominierung signalisierte Cabiallavetta, dass er weiter an der Matrix festhalten wollte: Er machte Stephan Haeringer zu seinem Stellvertreter und Schweiz-Chef. Ob es hier wirklich eine Absprache zwischen den beiden gab, wie hochrangige Manager vermuteten, blieb ungeklärt. Doch diese Ernennung war doppelt problematisch.

Denn wenn er wirklich von der Matrix hätte wegkommen wollen, hätte er wie Ospel das gesamte Schweiz-Geschäft auf die Sparten verteilen und die separate Geschäftsleitung Schweiz abschaffen müssen. Doch er machte das Gegenteil – er stärkte das Schweiz-Geschäft, indem er ihm einen starken Chef gab, diesen als einzigen Regionenchef in die Konzernleitung aufnahm und ihn sogar mit seinem Stellvertreter-Posten bedachte. Haeringer hatte nicht mehr den Titel «Vorsitzender der Geschäftsleitung» wie sein Vorgänger Rinderknecht. Er nannte sich jetzt CEO. Mit dem kollegialen Führungsstil, sowieso nicht Haeringers Art, war es vorbei. Zudem war Haeringer für die Geschäftsleitung Schweiz die unbeliebteste Person überhaupt, denn er war ja der grosse Blockierer des «Marketing 2000»-Projekts gewesen.

Dessen Architekt, der Physiker Huschke, im Jahre 1996 Mitte 50, verliess mit Haeringers Nominierung sofort die Bank.

Haeringer ging zwar die Restrukturierung des Schweizer Filialnetzes rigoros an, doch im Prinzip tat er nicht viel anderes, als die Produktivitätssteigerungen umzusetzen, die die Bank bereits nach 1992 mit «Marketing 2000» angekündigt und nie realisiert hatte. Als Chef der Vermögensverwaltung hatte er immer den Vorrang der Sparten vor den Regionen postuliert. Jetzt war die Region auf einmal das Wichtigste. Haeringer gliederte auch sofort den Schweizer Handel, bis dahin der Region Europa zugeordnet, in sein Geschäft ein. Das war pures Machtdenken. Er wollte so viel Geschäft wie möglich unter sich haben und sah sich als heimlichen Herrscher der Bank. Anton Affentranger, der mit der Ernennung Haeringers neu in die Geschäftsleitung Schweiz gekommen war und dann mit grossem Erfolg das darniederliegende Schweizer Kreditgeschäft sanierte, rieb sich so in Kämpfen mit Haeringer auf, dass er selbst ja schliesslich bei der Fusion entnervt aufgab. Er wollte einfach nicht mehr unter Haeringer arbeiten.

Und selbst die Fusion sollte Haeringer, der Inbegriff der alten SBG-Filz-Kultur, ja an oberster Stelle überleben. Als Leiter des Schweiz-Geschäfts und Stellvertreter Ospels wurde er in der neuen Bank der höchste exekutive Manager aus der alten UBS. «Der Bankverein hatte eben die besseren Mitarbeiter», antwortete er nach der Fusion eiskalt auf die Frage, warum denn die Basler die meisten Schlüsselpositionen bekommen hätten. Das war nicht nur ein Eingeständnis des eigenen Scheiterns – als Spitzenmanager der Bank wäre es seine Hauptaufgabe gewesen, für fähigen Nachwuchs zu sorgen. Aus seinem Bereich war jedoch niemals eine Nachwuchskraft nach oben gekommen. Vor allem war es ein Freischein für den Bankverein, die Stellen in der neuen Bank weitgehend mit eigenen Leuten zu besetzen.

Warum Cabiallavetta sich so eng an Haeringer band, blieb selbst hochrangigen Managern bis zuletzt ein Rätsel. Doch seine Nähe zu Haeringer war ein Problem. Denn wenn Haeringer eines ganz sicher nicht war, dann ein Stratege. Neue Ideen hatte er in der Vergangenheit immer zuerst abgeblockt. Das führte dazu, dass Cabiallavetta im heissesten Sommer seines Lebens praktisch allein dastand. Das war die Quittung für sein Seilschafts-Denken. Bonadurer und Fischer waren eher Fans als strategische Berater, Grete und de Weck waren isoliert, Studer war gelähmt. Und Berater von aussen hatte die Bank ja immer verschmäht.

So musste er ganz allein die schwierigste Entscheidung seines Lebens treffen. Doch auch er selbst hatte sich ja nie als Stratege ausgezeichnet. Zwar hatte er nach seinem Amtsantritt für jede seiner Sparten eine Strategie ausarbeiten lassen, was es unter Studer nie gegeben hatte. Doch all das blieb innerhalb sehr enger Bandbreiten. Tiefgreifende Strategieübungen, wie sie Ospel mit seinem Team regelmässig machte, gab es nicht. Denn dann hätte er die Struktur der Bank radikal verändern müssen, und davor schreckte er zurück, obwohl er gewusst haben dürfte, dass genau das nötig war. Als Cabiallavetta noch Chef der Handelssparte war, hatte sich ja die Struktur dieser Sparte schon immer mehr nach Personen und weniger nach organisatorischer Logik gerichtet. Das war jetzt auf Konzernstufe nicht anders.

So kam es zu kleinen Veränderungen, die vor allem nach aussen wirkten: Das neue Logo, die Veröffentlichung der Spartenergebnisse, das Ende der Erste-Klasse-Flüge. Doch das war zu wenig angesichts des enormen Tempos der Konkurrenz. Das dürfte Cabiallavetta am Ende selbst eingesehen haben. Studer hatte die Anpassungen verpasst, weil er zu stolz und zu stur war, um auf Ebner zuzugehen. Cabiallavetta hatte die Anpassungen verpasst, weil er zu sehr seiner Seilschaft verbunden war. Verantwortlich waren sie beide gleichermassen für den Untergang.

Und dann brach die Sparte zusammen, die Cabiallavetta nach oben gebracht hatte. Das war zuviel für den impulsiven Mann, der immer mehr Macher als Denker war. In diesem Moment, mit der Aussicht, Präsident der grössten Bank Europas und der zweitgrössten Bank der Welt zu werden, griff Cabiallavetta selbst zum Messer. Der

Mann durchschnitt das Seil und liess seine Seilschaft abstürzen. Jetzt mussten die 28 000 Mitarbeiter der grössten Schweizer Bank für die Fehler ihrer beiden Chefs bezahlen.

Die Schweizerische Bankgesellschaft – eine Bank zwischen zwei Fusionen

1862 Gründung der Bank in Winterthur

1863 Gründung der Toggenburger Bank

1911 Die Bank in Winterthur macht der Toggenburger Bank ein Kooperationsangebot

1912 Die Schweizerische Bankgesellschaft (SBG) entsteht aus dem Zusammenschluss der Bank in Winterthur mit der Toggenburger Bank. Die Bilanzsumme beträgt 35 Millionen Franken

1923 Zürich wird Hauptsitz

1929 Nach starker Expansion in der gesamten Schweiz ist die Bilanzsumme auf knapp eine Milliarde Franken gewachsen

1931 Eintritt Alfred Schäfers in die Bank

1936 Nach Kreditexpansion ins Ausland muss das Aktienkapital in zwei Schritten von 100 Millionen auf 40 Millionen reduziert werden.

1945 Mit der Übernahme der Eidgenössischen Bank erreicht die SBG wieder die Bilanzsumme von Ende der zwanziger Jahre, doch sie liegt weiter hinter den beiden grossen Konkurrenten Bankverein und Kreditanstalt zurück

1964 Alfred Schäfer wird VR-Präsident

1966 Fusion mit der Finanzgesellschaft Interhandel. Die SBG ist jetzt klar die grösste und kapitalstärkste Bank der Schweiz

1967 Aufgabe der internationalen Zurückhaltung. Eröffnung der Londoner Niederlassung

1975 Gründung Ausbildungszentrum Wolfsberg durch Generaldirektor Robert Holzach.
Aufhebung der Einheitsaktie: Beschluss der Zweiteilung des Aktienkapitals in stimmrechtsprivilegierte Namensaktien und Inhaberaktien

1976 Rücktritt Schäfers als VR-Präsident. Sein Nachfolger wird Phillippe de Weck, Generaldirektor für das Kommerzgeschäft ist Robert Holzach, der Finanzbereich wird von Nikolaus Senn geleitet

1980 Holzach löst de Weck als VR-Präsident ab, Nikolaus Senn wird Präsident der Generaldirektion, Robert Studer Leiter des Finanzbereichs

1984 Kauf des Londoner Brokers Phillips & Drew

1987 125-Jahr-Feier: Mit einer Bilanzsumme von 160 Milliarden Franken, Eigenmitteln von 10 Milliarden und 21000 Mitarbeitern ist die SBG die unbestrittene Nummer eins der Schweiz und eine der kapitalstärksten Banken der Welt

1988 Senn wird VR-Präsident, Studer Präsident der Generaldirektion, Mathis Cabiallavetta Generaldirektor für den Bereich International

1991 Der BZ-Bankier Martin Ebner kauft in grossem Stil SBG-Aktien.
Einführung der neuen Matrix-Organisationsstruktur: Cabiallavetta übernimmt die Sparte Handel und Risk Management, Stephan Haeringer die Sparte Anlageberatung und Vermögensverwaltung

1992 Vorstellung des Produktivitätssteigerungsprogramms Marketing 2000;

1993 Die CS-Gruppe um ihren Präsidenten Rainer E. Gut übernimmt die Schweizerische Volksbank und sticht die SBG aus.
Der Ebner-Vertraute Christoph Blocher wird aus dem Verwaltungsrat abgewählt.

1994 Übernahme von fünf Regionalbanken, darunter die Solothurner Handelsbank und die Regio Bank Basel. Als Abwehrmassnahme gegen Ebner beschliesst der Verwaltungsrat die Einführung der Einheitsaktie. Auf der ausserordentlichen Generalversammlung im November wird die Einheitsaktie knapp angenommen.

1995 Im Mai nominiert der Verwaltungsrat Cabiallavetta als neuen Konzernchef.

1996 Anfang März tritt Cabiallavetta den Chefposten an. Studer wird als Nachfolger Senns zum VR-Präsidenten gewählt, trotz starker Opposition des Grossaktionärs Ebner.
Ein Fusionsangebot der Credit Suisse lehnt die SBG im April ab. Im November nimmt Cabiallavetta

eine Sonderrückstellung von drei Milliarden Franken für das inländische Kreditgeschäft vor

1997 Im April kommt es zu ersten ernsten Fusionsgesprächen mit dem Bankverein. Am 1. Juli bricht Cabiallavetta die Verhandlungen ab. Auf einer Sitzung des Verwaltungsratsausschusses vom 9. Oktober lässt er sich dann jedoch das Mandat geben, die Verhandlungen wieder aufzunehmen. Am 16. Oktober schlägt Cabiallavetta dem Bankverein-Chef Marcel Ospel auf einem Bankierstreffen in Brüssel die Fusion vor. Am 5. Dezember stimmen die Verwaltungsräte der beiden Banken der Fusion zu. Am 8. Dezember folgt die öffentliche Bekanntgabe.

1998 Am 3. Februar stimmen die Aktionäre auf einer ausserordentlichen Generalversammlung der Fusion zu.

Historische Schritte: UBS-Chef Mathis Cabiallavetta (vorne) und Bankverein-Chef Marcel Ospel auf dem Weg zur Fusionsbekanntgabe am 8. Dezember 1997

Die Fusions-Architekten bei der Auszeichnung zu den «Europäischen Bankiers des Jahres 1997»

Mathis Cabiallavetta, letzter Konzernchef der alten UBS und erster Verwaltungsratspräsident der neuen UBS

Marcel Ospel, letzter Konzernchef des Schweizerischen Bankvereins und erster Konzernchef der neuen UBS

Seit 1917 Hauptsitz der Schweizerischen Bankgesellschaft: Das Gebäude an der Bahnofstrasse 45 in Zürich

Der Begründer der modernen SBG: Alfred Schäfer, Verwaltungsratspräsident von 1964 bis 1976

Die drei Schlüsselfiguren der Nach-Schäfer-Ära (von links): Robert Holzach (Verwaltungsratspräsident von 1980 bis 1988), Philippe de Weck (Verwaltungsratspräsident von 1976 bis 1980), Nikolaus Senn (Verwaltungsratspräsident von 1988 bis 1996)

Robert Holzach

Nikolaus Senn

*Der unbequeme
Grossaktionär
Martin Ebner*

*Die Genral-
versammlung
am 9. April
1987 zum
125jährigen
Jubiläum:
Die SBG auf
dem Höhepunkt
ihrer Macht*

Robert Studer, Konzernchef von 1988 bis 1996 und Verwaltungsratspräsident von 1996 bis 1998

In den jungen Jahren getreuer Mitarbeiter der SBG, dann ihr grösster Gegenspieler: Rainer E. Gut, Verwaltungsratspräsident der Credit Suisse

Stephan Haeringer, stellvertretender Konzernchef der alten und neuen UBS

Ramy Goldstein, langjähriger Chef der Aktienderivate- abteilung

Werner Bonadurer, letzter Handelschef der alten UBS

Bildnachweis und Copyrights:
Umschlagfoto: Hulda Jossen – RDB
Keystone: 253, 254u., 255o., 256, 257, 258o., 259o., 260, 261o., 263
Ruth Vögtlin: 255u.
Lewis Photos Ltd.: 262
G. Baselgia: 258, 259u.
dpa: 254o.
Martin Rütschi: Portrait Autor

Personenregister

Ackermann, Josef	45
Affentranger, Anton	128, 243
Apfel, Ronny	116, 124
Balsiger, Ernst	22, 37
Barrett, Richard	65
Bauer, Hans-Peter	73 ff
Birkelund, John	36
Blocher, Christoph	176, 219, 220, 221, 223, 250
Blocher, Rudolf	223
Blum, Georges	24, 28, 32, 41, 118, 124, 132, 133, 134, 194
Böckli, Peter	131, 137
Bogni, Rudi	37, 42, 127
Bonadurer, Werner	54 ff
Borgeaud, Pierre	131
Bremi, Ulrich	231
Brenner, Beat	234
Breuer, Rolf-Ernst	12
Brinson, Gary	22, 127, 215
Brutsche, Peter	39
Bürgin, Hanspeter	136
Burstein, Alan	79, 84, 124
Buxton, Andrew	12
Cabiallavetta, Mathis	6 ff

Cabiallavetta, Silvya	18
Capone, Richard	15, 34, 39
Decurtins, Arthur	35, 54, 56, 57, 127, 214, 216
Degen, Federico	88, 89, 105
Duisenberg, Wim	6
Ebner, Martin	51, 52, 164, 173, 179, 218, 219, 222, 223, 224, 225, 226, 227, 228, 230, 233, 234, 237, 238, 250,
Ebner, Rosemarie	219
Epstein, Sheldon	80, 88, 89, 92, 94, 106
Erismann, Gertrud	93
Escher, Alfred	232
Favarger, Robert	202
Feiger, George	240
Fischer, Felix	54, 56, 103, 104, 121, 124, 130, 239, 244
Frehner, Walter	194
Gerber, Fritz	231
de Gier, Hans	22, 25, 42
Goetz, Hannes	58, 132
Goldstein, Ramy	61 ff
Granziol, Markus	25, 239, 240
Grete, Ulrich	55, 56, 69, 90, 110, 204, 205, 224, 239, 244
Gross, Peter	166, 167, 168, 202
Gumerlock, Robert	91, 104

Gut, Rainer E.	25, 32, 51, 142, 153, 154, 156, 157, 177, 178, 190, 218, 231, 232, 250
Haeringer, Stephan	38 ff
Haltinger, Eugen	212
Heckmann, Hans	58, 166, 202
Hobbs, Franklin	36, 240
Holzach, Robert	53 ff
Hüppi, Rolf	35
Huschke, Hubert	202, 212, 243
Iverson, Keith	82
John, Elton	62
de Kalbermatten, Bruno	176
Kee, Lim Ho	39, 76, 77, 200
Kennedy, Robert	152
Kohlhaussen, Martin	12
Krauer, Alex	32, 132
Krneta, Georg	32
Kündig, Markus	58, 124, 132
Le May, Malcolm	65
Leeson, Nick	68, 75, 84
Lévy-Lang, André	12
Lim, TJ	64, 109
Mabillard, Max	232
Maxwell, Robert	23
Meili, Christoph	47, 48
Menotti, Franz	22, 42, 128

Messmore, Tom	215
Meyer, Rolf	58, 132, 137
Ming, Hans Peter	137
Mitchell, Edson	240
Moret, Marc	134
Mühlemann, Ernst	162, 185, 207
Mühlemann, Lukas	32, 137
Müller, Heinz	202, 225
Müller, Rudi	91, 107, 184
Napoli, Dan	93
Nega-Ledermann, Anne-Marie	49
New, Mitya	48
Ospel, Marcel	6 ff
de Planta, Renaud	64
Rasi, Roland	28, 129
Reinhart, Andreas	58, 132, 137
Rey, Werner K.	23, 162
Rinderknecht, Urs	70, 168, 175, 197, 198, 199, 203, 211, 212, 230, 242
Robins, David	39, 64, 107, 207
Rodman, Andrew	64, 120
Rohrbasser, Markus	34, 35, 76, 200
Rüegg, Hans	209
Rüegg, Theodor	209
Rupert, Anton	179
Saager, Bruno Max	147, 148, 151, 152, 153, 154, 164

Sants, Hector	64, 100, 107
Sareen, Vipin	110
Schäfer, Alfred	146, 147, 151, 152, 154, 155, 159, 160, 163, 165, 175, 248, 249
Schait, Richard	157
Schindler, Alfred	58, 132
Schmidheiny, Stephan	188
Schorderet, Georges	137
Schulman, Steven	105, 106, 130
Senn, Nikolaus	45 ff
Senn jr., Nikolaus	81, 109
Siciliano, Andy	107, 240
Silver, Richard	74, 80
Snow, Mike	240
Solo, David	107, 239, 240
Spälti, Peter	231
Steinmann, Heinrich	202
Strafford-Taylor, Ian	65
Strebel, Robert	169
Streichenberg, Georges	22, 24
Studer, Robert	14 ff
Sutz, Robert	170, 225
Suvall, Mark	64, 75, 100, 111
Thalheim, Neil	115, 124
Thornburgh, Richard	239
Togni, Alberto	22

Tully, Dan	93, 94
de Weck, Philippe	135, 160, 161, 171, 185, 231, 249
de Weck, Pierre	55, 56, 75, 109, 123, 131, 200, 206, 207, 230, 231, 244
de Weck, Roger	231
Weerasekera, Ruwan	110
Wheat, Allen	71, 107
Wright, Andrew	86, 87, 89, 91, 101, 103, 104, 106, 123
Wuffli, Peter	22, 42, 130, 239
Zecher, Richard	215
Zimmermann, Werner	84, 85, 86, 88, 89, 91, 101, 102, 106, 238
Zobl, Manfred	137
Zumbach, Felix	207